中国老年人多维贫困研究

种　聪　著

中国农业大学出版社
· 北京 ·

内容简介

消除贫困、改善民生、逐步实现共同富裕是我们党和政府的重要使命。改革开放以来，我国扶贫成就有目共睹，但绝对贫困的解决并不是脱贫攻坚的终点，而是解决相对贫困新阶段的起点。为实现共同富裕的最终目标，需要对低收入人口持之以恒地给予支持。本书以老年人多维贫困为研究对象，致力于全方位构建我国老年人多维贫困指标体系，从暂时贫困和长期贫困两个维度对我国老年人多维贫困人口规模、贫困程度、城乡差距等现状进行描述分析，并以此为基础，为制定适合我国新发展阶段的老年人多维贫困识别和监测方法提供科学合理的参考。

图书在版编目(CIP)数据

中国老年人多维贫困研究/种聪著. -- 北京：中国农业大学出版社，2023.12
ISBN 978-7-5655-3143-9

Ⅰ.①中…　Ⅱ.①种…　Ⅲ.①老年人-贫困问题-研究-中国　Ⅳ.①F126

中国国家版本馆 CIP 数据核字(2023)第 245127 号

书　　名　中国老年人多维贫困研究
Zhongguo Laonianren Duowei Pinkun Yanjiu

作　　者　种　聪　著

策划编辑　杜　琴　　**责任编辑**　杜　琴
封面设计　李尘工作室
出版发行　中国农业大学出版社
社　　址　北京市海淀区圆明园西路 2 号　　**邮政编码**　100193
电　　话　发行部 010-62733489,1190　　读者服务部 010-62732336
编辑部 010-62732617,2618　　出　版　部 010-62733440
网　　址　http://www.caupress.cn　　**E-mail**　cbsszs@cau.edu.cn
经　　销　新华书店
印　　刷　北京锦鸿盛世印刷科技有限公司
版　　次　2023 年 12 月第 1 版　　2023 年 12 月第 1 次印刷
规　　格　170 mm×240 mm　　16 开本　　9.5 印张　　168 千字
定　　价　28.00 元

前　言

消除贫困、改善民生、逐步实现共同富裕是我们党和政府的重要使命。改革开放以来，我国扶贫成就有目共睹，人们的生活水平不断改善，幸福感、获得感和安全感显著提高。尤其是党的十八大以来，通过精准扶贫政策的大力实施，我国脱贫攻坚战取得全面胜利，现行标准下，9 899 万农村贫困人口全部脱贫，832 个贫困县全部摘帽，12.8 万个贫困村全部退出，区域性整体贫困得到解决，完成了消除绝对贫困的艰巨任务。我国脱贫成就令世界瞩目，提前 10 年实现了《联合国 2030 年可持续发展议程》的减贫目标。

然而，绝对贫困的解决并不是脱贫攻坚的终点，而是解决相对贫困新阶段的起点。为实现共同富裕的最终目标，需要对低收入人口持之以恒地给予支持。数据显示，我国仍然存在近 500 万的“边缘易贫返贫人口”，一些居民仍然面临不同程度的致贫风险，为此，需要建立对这些群体的可持续收入保障机制，尤其是建立对丧失劳动能力的老年人的可持续增收机制。一直以来，收入贫困是我国衡量贫困状态的主要标准，随着绝对贫困人口的全部脱贫，解决相对贫困将是下一步我国扶贫工作的重要方向，这也是党的十九届四中全会提出的“坚决打赢脱贫攻坚战，建立解决相对贫困的长效机制”。在相对贫困的范畴下，又以多维贫困备受关注。所谓多维贫困，就是不仅考虑居民收入维度的贫困状态，还要将健康状况、生活标准、教育水平等维度纳入贫困状态的测算之中，着重体现个体“能力”的贫困。事实上，多维贫困的理念一直贯穿在我国扶贫工作实践中，《中国农村扶贫开发纲要(2011—2020 年)》明确提出，使贫困人口不愁吃、不愁穿，保障贫困人口的基本教育、医疗和住房安全，即“两不愁，三保障”。可以说，打赢脱贫攻坚战，并不只考虑贫困人口收入脱贫，而是以收入为基础，全方位保障贫困人口的基本生存需要，这是对多维贫困理论最好的实践。基于此，本书全方位解读老年人多维贫困的现状和减贫机制，其研究成果对于巩固脱贫攻坚成果具有重要意义。

本书选择以老年人多维贫困为研究对象，主要是基于以下两点：一是随着老龄化的加重，2019 年我国 65 岁及以上人口占比 12.5%，老年抚养比达到 17.8%，老龄化带来的社会问题越来越突出；二是由于身体健康状况差、劳动能力弱等，老年人陷入多维贫困的风险较高，应当受到足够重视。国内外学者对多维贫困的研究较多，对老年人等特殊群体的多维贫困研究较少。而且存在几个被忽略的地方：一是已有的研究大多以老年人收入贫困为主，对老年人多维贫困缺少统一的、代表性的标准和测算结果；二是由于数据的限制，已有的研究大多关注老年人暂时多维贫困，对老年人长期和动态的多维贫困研究较少；三是大部分研究主要集中在多维贫困状态的识别，对如何帮助老年人摆脱多维贫困缺少实质性的研究结果和政策建议。这在一定程度上影响我国对老年人贫困现状的评估，也可能影响未来相对贫困政策的制定和实施。本书致力于全方位构建我国老年人多维贫困指标体系，从暂时贫困和长期贫困两个维度对中国老年人多维贫困人口规模、贫困程度、城乡差距等现状进行描述分析，并以此为基础，使用科学的计量方法总结老年人多维致贫因素及其作用程度，为制定适合我国新发展阶段的老年人多维贫困识别和监测方法提供科学合理的依据。最后，在老年人多维减贫机制分析中，本书还测算了政府转移支付和家庭转移支付对老年人多维贫困的影响及其作用机制，为建立和完善我国“边缘易贫致贫”人口的动态监测体系提供具有价值的研究结论，为政府养老、家庭养老等模式下老年人有效减贫提供依据，为构建多层次政府保障体系、巩固脱贫攻坚成果提出政策建议。

本书主要内容和框架由以下几部分构成：第 1 章绪论对本书的研究背景与意义、研究框架与研究方法、研究创新与不足等内容进行介绍。第 2 章对已有的多维贫困文献进行整理和讨论，重点分析测算方法和老年人致贫因素等相关文献的优势和不足，为我国老年人多维贫困研究提供经验借鉴。第 3 章为多维贫困的测算方法和相关数据的介绍，通过已有测算方法的比较分析，提出本书所使用的暂时、长期多维贫困测算方法的优势，同时对使用的 CHIP、CFPS 等数据进行说明。第 4 章对我国不同特征组多维贫困的现状进行分析，并按年龄分组得出老年人、儿童等特殊群体的多维贫困情况更为严重的结论。第 5 章是对老年人暂时多维贫困的研究，探讨在某个时点个体贫困严重程度。本书利用 CHIP 2013、CHIP 2018 数据，使用常用的 AF 多维贫困指数法，测算出全国、城镇、农村老年人多维贫困情况，包括贫困指数、贫困发生率和贫困程度，并测算出按维度、地区、年龄、收入等特征分组的老年人多维贫困情况，以及老年人多维贫困的变动情况，再使用 Logit 模型分析老年人多维贫困影响因素。第 6 章是老年人长期多维贫困的测算和致贫原因分析，本书利用 CFPS 2010—2018 面板数据，使用长期多维贫困指数法，测算出老年人的长期多维贫困情况，然后使用多层 Logit 模型分析老年人长期多维贫困影响的因素。第 7 章对老年人多维减贫机制进行分析,主要研究政府转移支付和家庭转移支付对老年人多维贫困的影响,以及在多维贫困减贫中政府转移支付是否会对家庭转移支付产生替代效应或挤出效应。最后,模拟老年人的新型农村社会养老保险(简称新农保)扩大不同倍数后收入贫困和多维贫困的变动情况,以及需要的政府财政支出规模。第 8 章是结论与政策建议。

根据书中实证结果得到的结论主要有以下几个方面:第一,2013—2018 年我国的多维贫困指数和贫困发生率逐渐下降,多维贫困状况得到明显改善。但按年龄分组发现,老年人多维贫困情况比其他群体更为严重,这也是选择老年人多维贫困进行研究的重要依据。第二,从暂时多维贫困来看,与 2013 年相比,2018 年老年人贫困指数和贫困发生率明显降低,暂时多维贫困得到了有效改善。从城乡分别来看,虽然城镇老年人的暂时多维贫困情况得到了有效缓解,但农村老年人的暂时多维贫困情况改善有限。在影响因素分析中,家庭规模、年龄、户口、受教育程度(教育水平)、婚姻状况等变量对多维贫困影响显著,特别是,西部地区农村高龄的老年人陷入多维贫困的可能性更高。第三,从长期多维贫困来看,我国老年人长期多维贫困指数和发生率下降明显,但仍然存在极端多维贫困的情况。长期多维致贫因素分析发现,除年龄、受教育程度、婚姻状况等变量对老年人长期多维贫困有影响以外,社区非农户口比例越高,老年人陷入长期多维贫困的可能性越小。第四,以领取养老金为主的政府转移支付和以子女经济支持为主的家庭转移支付对农村老年人多维贫困减贫均有正向影响,政府转移支付的多维减贫效应更大,且系数显著。不仅如此,政府转移支付还会对家庭转移支付有一定的替代效应,但效应较小。第五,要协调好家庭、政府和社会三个养老主体的关系,对有子女的老人鼓励家庭养老,辅以政府养老;对无子女或子女不在身边的老人实施政府和社会养老;同时,还要重视新兴的集体养老、互助养老等模式在农村多维减贫中的积极作用。当然,老年人的多维减贫更需要建立和完善多层次的社会保障体系,提高养老金、低保和医疗保险的覆盖率及补贴标准,缩小城乡之间的基础设施和基本公共服务差距,做好巩固脱贫攻坚成果和乡村振兴的有效衔接工作。

本书的主要创新和突破包括以下几个方面:第一,在多维贫困理论上,构建统一的老年人多维贫困指标体系,该指标体系更加重视我国老年人生活照料、幸福感等指标,可避免国外指标的“水土不服”。该指标体系还可以同时用于农村和城镇、暂时和长期等分组测算,为老弱病残等“边缘易贫致贫”人口的精准识别和瞄准,以及为构建老年人的动态监测机制提供理论和方法指导。第二,在多维贫困测算方法上,结合暂时与长期、静态与动态等多个视角测算老年人多维贫困情况，并在老年人长期多维贫困测算中加入时间临界值，进而对老年人是否陷入长期多维贫困进行界定和精准识别，同时进行大量的稳健性检验，进一步验证测算结果的科学性。第三，在数据使用上，使用最新的 CHIP 2018 数据，分别测算老年人暂时多维贫困，使用最新的 CFPS 2010—2018 面板数据，分别测算全国、城镇、农村老年人长期多维贫困情况，为我国老年人贫困研究提供最新的数据和实证支持。第四，在老年人多维减贫机制分析上，通过政府养老和家庭养老等不同养老模式下多维减贫效应的研究发现，老年人的幸福生活需要不同主体互相协助来完成，同时不能忽视集体养老、互助养老等新兴养老模式的多维减贫作用。第五，在政策建议上，对新农保在农村老年人收入贫困和多维贫困的减贫效应进行模拟，考察新农保扩大不同倍数后老年人贫困发生率下降情况，并测算出新农保扩大不同倍数后政府需要增加的财政支出规模，为提高老年人的收入水平、减少多维贫困提供可行性方案。

总体而言，通过老年人多维贫困现状分析发现，近年来，我国老年人多维贫困发生率和多维贫困程度有了很大的改善，但仍然存在明显的城乡差异，农村老年人多维贫困情况仍然比较严重。政府转移支付和家庭转移支付可以有效减少老年人多维贫困。为积极应对老龄化问题，我国应该构建老年人多维贫困动态监测机制，建立和完善多层次社会保障体系，鼓励和支持多样化的养老模式来提高老年人的生活水平和幸福感。

编　者

2023 年 1 月

目　录

第 1 章　绪论 …… 1
1.1　研究背景与意义 …… 1
1.2　基本问题及研究框架 …… 4
1.2.1　研究基本问题 …… 4
1.2.2　主要研究内容 …… 5
1.2.3　研究基本框架 …… 6
1.3　主要研究方法 …… 7
1.4　创新点与不足 …… 8
1.4.1　创新点 …… 8
1.4.2　不足 …… 9
第 2 章　国内外文献综述 …… 10
2.1　贫困与多维贫困的概念 …… 10
2.1.1　贫困的定义 …… 10
2.1.2　多维贫困的定义 …… 12
2.1.3　两种贫困的区别与联系 …… 13
2.1.4　多维贫困理论基础 …… 14
2.2　老年人多维贫困致贫因素 …… 16
2.2.1　人力资本水平与多维贫困 …… 16
2.2.2　收入与多维贫困 …… 17
2.2.3　户籍和社会保障制度与多维贫困 …… 18

2.2.4 地区差异与多维贫困 …… 19

2.3 老年人多维贫困减贫机制研究 …… 20

2.3.1 个人能力、家庭关系的多维减贫机制研究 …… 20

2.3.2 政府开发式扶贫政策多维减贫机制研究 …… 21

2.3.3 政府保障性扶贫政策多维减贫机制研究 …… 22

2.4 本章小结 …… 24

第 3 章 测算方法、指标体系与数据来源 …… 26

3.1 多维贫困测算方法比较分析 …… 26

3.1.1 多维贫困测算方法的梳理和评价 …… 26

3.1.2 AF 多维贫困测算方法介绍 …… 29

3.1.3 动态多维贫困测算方法介绍 …… 31

3.1.4 长期多维贫困测算方法介绍 …… 32

3.2 多维贫困指标体系 …… 33

3.3 数据来源情况介绍 …… 37

3.3.1 中国家庭收入调查数据(CHIP) …… 37

3.3.2 中国家庭追踪调查数据(CFPS) …… 37

3.3.3 其他数据库 …… 38

3.4 本章小结 …… 38

第 4 章 我国分特征组多维贫困现状分析 …… 40

4.1 数据来源和维度选择 …… 40

4.1.1 数据来源和处理 …… 40

4.1.2 多维贫困指标体系构建和权重设定 …… 41

4.2 我国多维贫困情况 …… 43

4.2.1 多维贫困测算结果 …… 43

4.2.2 分特征组的多维贫困指数分解 …… 45

4.2.3 收入贫困与多维贫困的比较 …… 48

4.3 稳健性检验 …… 49

4.3.1 取不同 K 值的多维贫困指数检验 …… 50
4.3.2 增减指标的稳健性检验 …… 51
4.3.3 与其他国家多维贫困比较 …… 52
4.4 本章小结 …… 53
第5章 老年人暂时多维贫困测算及致贫原因分析 …… 55
5.1 引言与文献综述 …… 55
5.2 样本数据分析 …… 57
5.3 多维贫困指标体系和权重 …… 58
5.3.1 多维贫困指标体系构建 …… 58
5.3.2 权重的设定 …… 60
5.4 老年人多维贫困测算结果 …… 60
5.4.1 各指标的贫困发生率 …… 60
5.4.2 多维贫困及其变动情况 …… 62
5.4.3 按指标分解的贡献度 …… 63
5.4.4 多维贫困子群分解及变动情况 …… 64
5.5 多维贫困的稳健性检验 …… 67
5.5.1 替换指标后多维贫困测算结果 …… 67
5.5.2 增减指标后多维贫困测算结果 …… 68
5.5.3 取不同 K 值后多维贫困测算结果 …… 69
5.5.4 与 CFPS 数据测算结果对比 …… 70
5.6 老年人多维贫困影响因素分析 …… 71
5.6.1 模型设定和实证策略 …… 71
5.6.2 变量选取和描述性分析 …… 72
5.6.3 实证结果 …… 73
5.6.4 稳健性检验 …… 78
5.7 本章小结 …… 81

第 6 章　老年人长期多维贫困测算及致贫原因分析 …… 82
6.1　引言与文献综述 …… 82
6.2　测算方法与数据来源 …… 84
6.2.1　测算方法介绍 …… 84
6.2.2　数据和样本介绍 …… 84
6.3　老年人长期多维贫困测算结果 …… 85
6.3.1　长期多维贫困指标体系 …… 85
6.3.2　长期多维贫困测算结果 …… 87
6.3.3　各项指标的贫困发生率 …… 89
6.3.4　各地区的长期多维贫困 …… 90
6.3.5　稳健性检验 …… 91
6.4　老年人长期多维贫困致贫原因分析 …… 92
6.4.1　模型介绍和计量策略 …… 92
6.4.2　变量选取和描述性分析 …… 93
6.4.3　实证结果 …… 94
6.4.4　稳健性检验 …… 98
6.5　本章小结 …… 104
第 7 章　政府养老和家庭养老的多维减贫效应分析 …… 106
7.1　引言 …… 107
7.2　不同特征分组下老年人贫困比较 …… 108
7.2.1　老年人分布情况 …… 108
7.2.2　不同年龄分组下老年人的贫困情况 …… 109
7.2.3　不同养老模式分组下老年人贫困情况 …… 110
7.2.4　独居老人贫困情况 …… 112
7.3　政府养老和家庭养老的多维减贫机制分析 …… 114
7.3.1　模型策略和数据来源 …… 114
7.3.2　变量描述性分析 …… 115

7.3.3 实证结果 …… 116
7.4 稳健性检验 …… 118
7.4.1 替换变量的稳健性检验 …… 118
7.4.2 倾向得分匹配法的稳健性检验 …… 119
7.4.3 不同年份的稳健性检验 …… 121
7.5 新农保减贫效应模拟分析 …… 123
7.5.1 描述性分析 …… 123
7.5.2 新农保扩大倍数的减贫效应模拟 …… 124
7.5.3 扩大新农保支出需要增加的财政规模 …… 125
7.6 本章小结 …… 126
第 8 章 结论与政策建议 …… 128
8.1 主要结论 …… 128
8.2 政策建议 …… 129
8.3 研究展望 …… 130
参考文献 …… 132

第1章　绪论

1.1　研究背景与意义

改革开放40多年来，随着经济增长和扶贫政策的实施，我国扶贫减贫工作取得了巨大的成就，得到了全世界的广泛认可。按照2010年标准，1978—2019年我国的贫困发生率从97.5%下降至0.6%，2019年的贫困人口仅为550万①。2020年已经实现了收入贫困人口的全部脱贫，我国的绝对贫困问题基本解决，脱贫攻坚战取得了全面胜利。然而，习近平总书记多次强调绝对贫困问题的解决并不是结束而是新阶段的开始，党的十九届四中全会明确提出我国进入解决相对贫困阶段②。关于相对贫困的定义，世界银行认为当某些居民或家庭没有能力得到基本的食物、饮用水、参与活动的机会等需求时就处于相对贫困状态③。作为相对贫困的一种形式，多维贫困被认为是人们除了受到收入维度的剥夺，还存在教育、健康、生活水平、幸福感等维度的剥夺。虽然我国贫困识别标准是以收入贫困线为主，但在识别贫困人口是否脱贫以及帮助贫困人口脱贫中并不是以单一的收入作为衡量标准的，而是以贫困人口的收入、健康、教育等多维度来衡量的，其中我国精准扶贫政策就是对多维贫困理论的重要实践，《中国农村扶贫开发纲要(2011—2020年)》明确提出扶贫工作要坚持“两不

① 数据来源为国家统计局2020年《中国农村贫困监测报告》。

② 党的十九届四中全会中明确提出要“坚决打赢脱贫攻坚战，巩固脱贫攻坚成果，建立解决相对贫困的长效机制”。

③ 相对贫困的定义来源于世界银行在1981年公布的《世界发展报告》，相对贫困不仅是收入上的平均值或中位数的相对比例，还是一种机会的剥夺。

愁，三保障”目标①，说明我国不仅要解决贫困人口的收入问题，还对人们生活福利水平和幸福感的提高十分重视。我国2020年后的相关政策也明确了今后扶贫目标会从绝对到相对、从单一收入维度到多维转变，解决多维贫困将会成为我国巩固脱贫攻坚成果，实现乡村振兴的重要内容。通过文献梳理，笔者发现已有多维贫困研究主要集中在整体居民的多维贫困测算和致贫因素分析上，对老弱病残等特殊群体的研究相对较少，尤其是对老年人长期多维贫困的研究更少，而这部分群体又属于易返贫人口。因此，本研究的主要对象是老年人多维贫困。

我国老龄化日趋严重，尤其是农村老龄化加重和留守老人数量增加，高龄、失独、空巢的老年人越来越多，另外，儿童生育率下降，儿童、中年人、老年人比率失调，老年抚养相较于2010年后也出现了明显增加。老龄化必将带来很多复杂的社会问题，如老年人的收入、养老、健康、生活满意度等问题。老年人生活状态的好坏直接关系到整体福利水平的评价，也将给我国的巩固脱贫成果、实现乡村振兴等工作带来更大的挑战。刘守英、纪竞垚(2020)研究发现我国老龄化不断加重，而且农村比城镇更严重。2015—2019年全国人口老龄化水平从16.15%增加至18.10%，提高近2个百分点，2019年我国老年人口有2.5亿人。失能、高龄、空巢的农村老年人越来越多，加之老年人容易受到不利因素的冲击以及自身贫困脆弱性等因素的影响，除会受到收入或消费维度的剥夺外，还容易因遭受其他福利指标的剥夺而陷入多维贫困风险之中。吴茜、姚乐野(2020)研究发现，2014年老年人的收入贫困发生率为43%，远高于全国平均水平，而且老年人不仅面临收入剥夺和生理疾病问题，还存在精神维度剥夺，其比率更是高达78%。老年人多维贫困问题逐渐引起学界的广泛关注。沈扬扬等(2018)对老年人多维贫困测算结果发现，2013年66岁及以上老年人多维贫困指数为0.047，而其他年龄组最高为0.015，进一步测算发现农村老年人多维贫困更为严重。老年人的维度剥夺(有时也作指标剥夺)涉及收入、教育、健康、精神、社会参与、生活照料等很多方面。已有研究发现，老年人在收入、生活水平上的剥夺逐渐减小，在健康、安全感、幸福感等指标上的剥夺比较严重。健康维度剥夺主要体现在身体疾病和失能，刘守英、纪竞垚(2020)认为与城镇相比，农村老年人自评健康状况差，患慢性病比例高。2015年，只有35.48%的农村老年人口认为自己身体健康，该数值比城镇老年人口低10.09%；独自生活困难的农村老年人口占2.86%，比城镇老年人口高0.52%。国家卫生健康委员会(简

① “两不愁，三保障”是指贫困人口实现不愁吃、不愁穿，保障义务教育、基本医疗和住房安全。

称卫健委)2018年数据可以发现,老年人患一种及以上慢性病比重高达70%,也就是说,10位老年人中就有7人患有慢性病,而生活自理能力不足的老人超过4 000万人,这些老年人因病致贫的可能性大大增加。精神维度剥夺主要体现在老年人的孤独、抑郁等心理疾病上,主要原因是农村子女外出打工、家庭成员长期分开,使得老年人群体的孤独感、失落感增加,当然也往往伴随着患有生理疾病(解垩,2015;Emerson et al.,2016)。世界卫生组织(WHO)2018年发布的数据显示,65岁以上老年人抑郁比例逐渐提高,已达10%~15%。更为严重的是,老年人的心理健康不容易识别,往往不被关注,而且缺少专业的治疗,因此,老年人因病致贫的可能性更高。已有研究结果发现,老年人多维贫困比较严重的主要原因有以下几点:一是老年人收入缺少稳定性,容易受到外在因素冲击,脱贫的内生动力不足;二是随着人口劳动力流动性提高,老年人生活照料和精神陪伴不充分,尤其是农村留守老人,生活满意度较低;三是农村基本公共服务水平较低,老年人的政治参与意愿低;四是开发式扶贫的"涓滴效应"逐渐减弱,农村的养老、低保①等社会保障制度仍需要改善。

本书的核心内容是如何识别老年人是否多维贫困,研究多维贫困的减贫机制,提高老年人的生活福利水平,最终消除多维贫困等。自古以来,由于老年人缺少收入能力,"养儿防老"一直是我国老年人主要的养老方式。但是随着农村劳动力向城市流动,农村老龄化越来越严重,传统的"养儿防老"模式正在发生改变,甚至出现"养儿啃老"等行为,如果农村留守老人还需要帮助照顾孙辈的生活,则将进一步加剧农村老年人的贫困问题。刘守英、纪竞垚(2020)提出虽然家庭仍然是农村老年人获得养老资源的最主要来源,但这种以血缘关系为纽带的养老模式会存在很大的不确定性。由于当今社会经济文化制度和家庭养老角色功能定位的转型(于长永等,2017),家庭养老功能弱化,社会养老的兴起已成为很多研究的共识。农村地区集体养老基础逐步瓦解,家庭养老与子女外出流动矛盾突出。因此,需要探索新的养老模式和保障制度,从经济收入、生活照料和满意度等方面减少老年人多维贫困。为此,各级政府在逐步完善城乡居民养老金、高龄津贴等制度,提高农村养老服务能力和水平,保障老年人基本生活需求。

本书的理论意义有以下几点:第一,多维贫困理论是阿马蒂亚·森"能力理论"的进一步发展,也是衡量人们生活福利水平的重要依据。本研究在多维贫困理论基础上,根据时间的差异,提出老年人暂时和长期多维贫困概念,形成从一维到多维、静态到动态的研究框架,丰富多维贫困相关理论;第二,本书依据

---

① 为了书写的简洁,本研究中最低生活保障制度简称低保。

"两不愁,三保障"标准和老年人基本需求,构建老年人多维贫困指标体系,使得该指标体系更加符合我国的国情和人口结构特征,避免标准"水土不服"的情况发生,有利于我国2020年后对边缘易贫致贫人口的精准识别;第三,本书对政府养老和社会养老模式的多维减贫效应进行研究,也就是对政府转移支付和家庭转移支付的多维减贫效应进行研究,可以为建立多层次的社会保障体系,完善社会保障政策提供一定的理论依据。

本书的实践意义有以下几点:第一,使用暂时和长期多维贫困等方法测算我国老年人多维贫困现状,包括贫困人口规模、贫困程度、城乡差异等,有利于提高对老年人多维贫困人口的瞄准和识别,有利于对农村老年人长期多维贫困和贫困脆弱性进行动态监测,并通过建立老年人返贫致贫预警机制来及时预防和干预贫困人口返贫;同时,为我国老弱病残等边缘返贫致贫人口的动态减贫提供政策建议。第二,在老年人多维贫困指标体系构建中,重点关注老年人主观感受,有利于解决留守老人的孤独感和失落感等心理健康问题,提高老年人的幸福感。第三,通过探讨养儿防老和社会养老的多维减贫效应,有利于完善和丰富我国的养老模式,提高老年人的生活福利水平,巩固脱贫攻坚成果,也可以为建立和完善保障性扶贫体系提供依据。

1.2 基本问题及研究框架

1.2.1 研究基本问题

本书主要研究老龄化背景下我国老年人多维贫困问题。在介绍老年人多维贫困之前,首先给出多维贫困的定义。所谓多维贫困,就是不再将收入作为评价是否贫困的唯一指标,而是构建以健康状况、教育水平、生活标准、幸福感、安全感等体现人的基本能力的综合指标体系,来评估个体或家庭是否存在多维贫困问题。多维贫困更加重视人们的福利水平以及个人自由发展的权利,也可以间接反映我国贫困人口在脱贫过程中的获得感和幸福感。

在研究内容上,本书从老年人暂时多维贫困扩展到长期多维贫困。暂时多维贫困是指某个时点个体多维贫困情况,而长期多维贫困是指一段时期个体多维贫困状态,这种测算是在截面多维贫困测算的基础上,引入时间临界值,考察个体或家庭贫困持续时间。根据临界值大小,本书界定了极端长期多维贫困和一般长期多维贫困,更有利于对贫困人口进行精准识别和动态监测。

本书主要研究对象是老年人多维贫困，以及该问题存在的城乡差距，其中老年人的年龄标准为 60 岁及以上。主要原因如下：虽然我国取得了绝对贫困人口的全部脱贫，成效显著，但随着老龄化的加重，由于劳动能力、健康状况等因素，更多的老年人面临陷入贫困和返贫的风险，老年人的生活状态需要重视。2020 年后我国将进入巩固脱贫攻坚成果与实现乡村振兴阶段，多维贫困的研究可以为建立低收入群体和贫困边缘户的动态贫困监测机制提供理论和实践支持。本书致力于新阶段对边缘易贫致贫人口的动态监测，试图解决如何发现、如何干预、如何帮扶老年人贫困问题。老年人多维贫困体系构建有利于识别易贫返贫①人口，致贫原因分析可以对以上群体进行早识别、早干预。另外，构建多层次社会保障体系，实施保障性扶贫政策，可以解决如何帮扶的问题。

1.2.2 主要研究内容

本书的前 3 章对多维贫困的概念、方法、指标体系进行梳理，并提出构建老年多维贫困的指标体系，该指标体系以“两不愁，三保障”为基础，加入其他维度指标；4～6 章是老年人多维贫困的现状和影响因素的实证分析，既对老年人暂时多维贫困进行测算，又对长期多维贫困进行测算，同时对城镇和农村进行分组测算，并根据多层 Logit 回归研究不同属性的多维贫困致贫因素；第 7 章主要研究社会保障支出、子女经济支持等转移支付对老年多维贫困减贫效应的影响；第 8 章提出政策建议。具体来看：

第 1 章为多维贫困的研究背景、意义、框架等内容的介绍，利用框架图对整个研究的逻辑关系进行梳理，并指出本书的主要创新和不足。

第 2 章为多维贫困研究综述，对已有研究成果进行梳理和评述，重点关注老年人多维贫困情况和致贫因素的实证研究，为我国老年人多维减贫研究提供理论和方法支持。

第 3 章内容为老年人多维贫困的测算方法和使用数据的介绍。对已有研究中使用的多维贫困测算方法进行评价，并对 AF 多维贫困指数法、长期多维贫困法的优势和不足进行详细介绍。

第 4 章内容为我国农村和城镇的多维贫困现状分析。按年龄、地区、受教育程度、收入等分组测算多维贫困情况。结果发现，老年人多维贫困问题情况

---

① 易贫返贫人口是指在巩固脱贫攻坚成果中，时刻关注的容易贫困或者返回贫困的边缘贫困户。该部分群体主要为老弱病残群体，受健康、劳动能力等的影响，内生发展能力不足，收入不稳定，容易受到不利因素的冲击而陷入贫困。这部分群体也是 2020 年后国家需要进行贫困动态监测的主要对象。

最严重,尤其是西部地区农村老年人的贫困发生率最高。

第 5 章内容是老年人多维贫困静态测算和致贫原因分析。利用 CHIP 2013、CHIP 2018 数据,使用 AF 多维贫困指数法,测算出 2013 年、2018 年全国、农村、城镇老年人的多维贫困变动情况,各维度的贡献度情况,并测算出按地区、年龄、收入等特征分组的老年人多维贫困情况。最后,使用 Logit 模型对老年人静态或暂时多维贫困的影响因素进行实证分析。

第 6 章内容是老年人长期多维贫困的测算和致贫原因分析。利用的是 CFPS 2010—2018 面板数据,结合 AF 多维贫困指数法与 Foster 的持续时间法构建长期多维贫困指数法,测算出老年人长期多维贫困情况。然后使用多层 Logit 模型,研究我国老年人长期多维贫困的影响因素,并对农村和城镇的致贫因素进行分组回归分析。

第 7 章内容是农村老年人多维减贫机制分析。通过对贫困的描述性分析,指出政府的转移支付和家庭转移支付对农村老年人收入贫困和多维贫困的影响。使用回归分析,测算出社会保障支出、养儿防老等对老年人多维贫困的影响。

1.2.3 研究基本框架

根据本书各章的基本内容绘制本书的主要分析框架,如图 1-1 所示。本书的主要研究对象是老年人多维贫困,尤其是农村老年人多维贫困。首先,在多维贫困理论和方法的基础上,本书构建了老年人多维贫困指标体系,该指标体系充分考虑老年人的各项“能力”,避免国外指标体系的“水土不服”现象。其次,对我国的多维贫困现状进行分析,并按年龄、受教育程度、地区等分组,测算出按各特征分组下的我国多维贫困情况,发现我国老年人多维贫困最为严重,农村老年人比城镇老年人更为严重,进而提出本书的研究对象是老年人多维贫困。再次,多维贫困测算主要分为两类:一类是暂时或静态贫困测算,即测算某个时点的多维贫困情况,当然也可以进行两个或多个时间的结果进行比较,用以分析老年人多维贫困的横截面变化;另一类是长期多维贫困测算,测算在一个时期内老年人贫困状况。这两类测算老年人多维贫困和致贫因素的结果存在差异。然后,对我国老年人多维贫困的减贫机制进行分析。已有研究发现,养儿防老和政府养老有利于减少老年人多维贫困,但很少研究将两者纳入统一框架进行研究。本书对此进行实证分析分为两步:第一步是将政府养老和家庭养老进行描述性分析,比较不同模式下老年人收入贫困和多维贫困发生率的变动情况;第二步是使用 Logit 模型对是否有养老金和子女经济支持对老年人多维贫困进行研究。最后,提出本书的结论与政策建议。

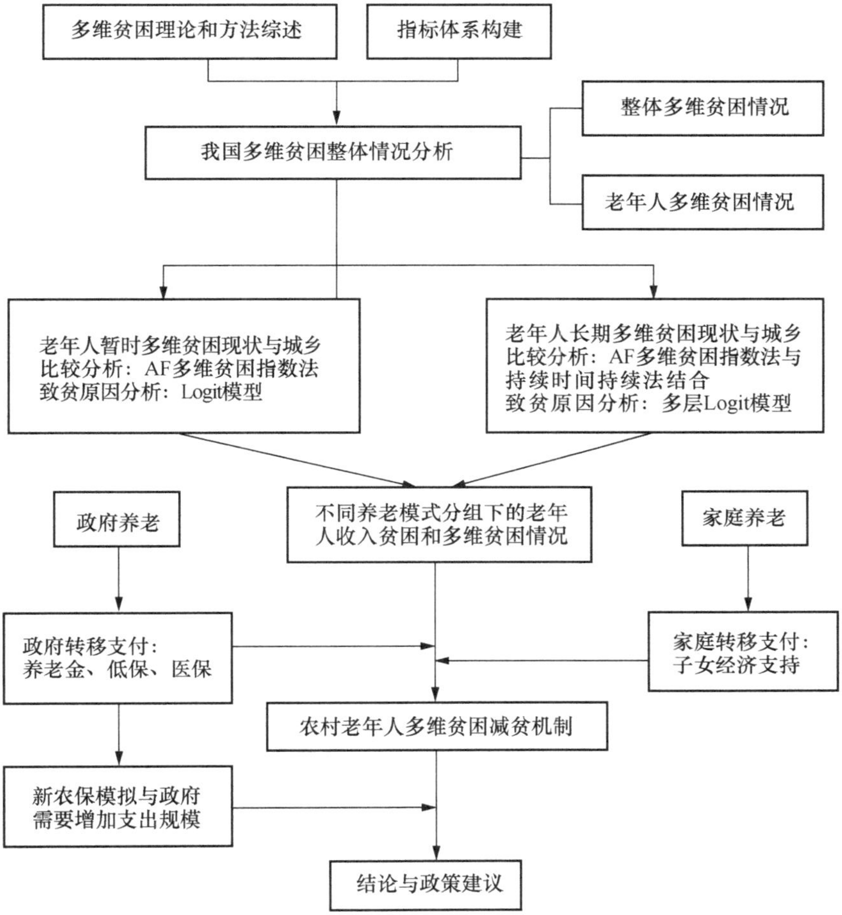

图 1-1　主要分析框架

1.3　主要研究方法

(1)文献综述法　通过阅读文献，对多维贫困理论和方法进行系统的梳理，为本书主要内容的研究提供理论和实践支撑。

(2)比较分析法　将我国农村的多维贫困结果与城镇的多维贫困结果进行比较，分析我国多维贫困的城乡差距，以及不同指标在城乡贡献度的差异。从暂时和长期两个角度对我国老年人多维贫困进行比较分析。

(3)数量分析法　本书在测算老年人多维贫困时使用 AF 多维贫困指数法,首先将样本的每个维度与该维度的临界值进行比较,判断样本是否在这个维度存在贫困。然后,测算每个样本在所有维度上的总得分,并与设定的临界值进行比较,进而判断该样本的多维贫困状态。

(4)计量分析法　构建多维贫困指标体系时,进行各指标的皮尔逊和克雷默相关性分析;使用多层 Logit 回归、面板 Logit 回归、倾向得分匹配(PSM)等实证方法,分析老年人暂时和长期多维贫困影响因素以及社会保障支出与子女经济支持的多维减贫效应。

1.4 创新点与不足

国内外学者关于多维贫困理论和方法上的研究已经非常丰富,本书在已有研究的基础上,聚焦老年人多维贫困问题的研究,进一步丰富多维贫困的研究内容。

1.4.1 创新点

创新点和突破包括以下几个方面:

第一,本书构建适合我国老年人的多维贫困指标体系,更加重视老年人在生活照料、心理健康、幸福感等指标上的剥夺,是对“能力贫困”理论的扩展。该指标体系可以用来对老弱病残等边缘人口的识别和监测,做到“早发现、早干预、早帮扶”,预防贫困脆弱性人口的返贫。加入对老年人长期多维贫困测算方法,形成老年人从静态到动态,从绝对到相对的多维贫困研究框架,进一步扩展多维贫困理论内容。

第二,在老年人多维减贫机制分析中,本书对政府养老和家庭养老的多维减贫效应进行测算,并加入政府养老和家庭养老关系的探讨,分析社会保障支出是否会对子女经济支持产生挤出效应进而影响老年人多维贫困。对城乡老年人进行分组回归,探讨社会保障支出对城乡老年人的异质性。本书提出要构建多层次社会保障性扶贫体系,从养老、医疗、低保等多维度来提高老年人脱贫的内生发展动力,以期为我国积极应对老龄化下提高老年人生活福利水平,预防老年人返贫致贫建言献策。

第三,本书实证发现新农保不仅会降低老年人的收入贫困,还会对多维贫困有重要影响，适当增加新农保支出规模将对多维贫困产生直接影响。模拟新农保增加不同倍数后对农村老年人的收入和多维贫困实际的减贫效应，并测算出政府社会保障支出对此需要增加的规模，以及各省份的新农保支出情况。最后，模拟出当新农保扩大三倍后，需要政府财政支出增加 4 341 亿元，该支出只占城镇职工养老金的 11.4％。

1.4.2　不足

本书不足之处包括以下几个方面：

第一，数据方面，使用家庭追踪数据对我国老年人多维贫困情况进行测算，由于时间跨度大、周期长等，问卷中的某些变量发生改变，在多维贫困指标选取中可能会使用替代变量。

第二，指标方面，多维贫困的指标选取仍然取决于研究者的研究目的和方向，没有形成全国性的统一指标体系。指标体系选取的办法是通过稳健性检验来减少主观选择上的偏误，但也可能产生一定争论，需要进一步讨论和改进。

第三，政府扶贫政策中的开发式扶贫对我国农村减贫也有非常大的贡献，但受老年人劳动能力、健康状况的影响，保障性扶贫政策的作用效果可能会更加明显，所以本书仅对社会保障的减贫效应进行了相关研究，但并不否定开发式扶贫在老年人多维贫困中的贡献。

第 2 章　国内外文献综述

本章主要是对国内外多维贫困相关研究进行梳理和评价。主要分为四个部分:第一部分是多维贫困的概念和理论综述,对收入贫困和多维贫困的区别与联系、多维贫困理论的产生和发展进行梳理;第二部分是老年人多维贫困影响因素的研究综述,主要包括受教育程度、健康状况、地区、户籍、社会保障制度等因素;第三部分是多维贫困减贫机制的研究综述,包括政府养老、家庭养老、社会养老的减贫机制综述,以及我国开发式扶贫和保障性扶贫政策对老年人减贫的影响;第四部分是述评文献,寻找多维贫困研究中存在的不足,进而提出本书的主要研究方向。

2.1　贫困与多维贫困的概念

2.1.1　贫困的定义

国内外研究认为贫困有绝对和相对、一维和多维之分,其中一维就是指收入贫困。因为多维贫困的研究离不开收入贫困,所以在阐述多维贫困的定义和理论之前,有必要对贫困的概念进行简单梳理,为后续多维贫困的研究提供理论和方法的支撑。最早的贫困研究是 Rowntree 在 1901 年对贫困的界定,他认为贫困是一个家庭的收入可以保证生存需要最低数量的商品和服务,即如果个体每天从食物中摄取的热量不足以维持生存的需求,则该个体就处于贫困状态。Sen(1981)在《贫困与饥荒》中提出基于最低生存需要的贫困定义会存在一定的问题,这种基本生存需要会随着身体、气候条件的不同而存在明显差异,也会随着生活水平的提高而改变。Sen 对贫困的界定是一个人或家庭的消费水平低于特定的消费标准就是贫困，可以用贫困线对贫困人口进行识别。总而言之，早期学者对贫困的界定就是个体或家庭满足不了最基本的生存需要(Haq, 1976;Jolly,1976)。还有学者从相对角度界定贫困，Fuchs(1967)最早提出了相对贫困的概念，认为美国的贫困线应为本国收入中位数的 50%；Townsend(1979)认为评判一个人是否贫困，应该取决于个人的收入在整个社会中的相对位置。邓大松等(2020)认为从解决基本生存需求的绝对贫困向解决能力剥夺的相对贫困转变具有重要的理论和实践价值，有利于实现中国可持续减贫目标。笔者认为，多维贫困或能力贫困是相对贫困的一种形式，多维贫困表现为每个个体在不同维度上的相对贫困程度，也体现了贫困的相对状态。

贫困线是贫困定义和测量的核心，是将贫困进行量化的标准，那么该如何确定贫困线呢？绝对贫困一般用收入或者消费作为衡量标准，将满足最基本需求的商品价格进行加总，可以得到判断个体是否贫困的标准——贫困线。Rowntree(1901)判定是否贫困的标准是当英国一个家庭中有 6 人，满足每周需要摄入的热量需要花费 26 先令，则贫困线就是 26 先令。Ravallion(1994)测算发现，中国农村居民每人每天需要摄入的热量为 2 100 大卡，加总满足这些热量的食物价格就是贫困线，如果低于贫困线则存在收入贫困。世界银行制定了极端和一般两个标准。极端标准是最不发达的 15 个国家的平均值，该标准只能满足人们的最低生存需求。一般标准是发展中国家贫困线的中位数，是一个相对的概念。1990 年制定的极端标准是每人每天消费 1 美元(王萍萍等，2006)。随着经济发展和通货膨胀，世界银行在 2008 年和 2015 年分别制定了新的贫困标准，极端标准分别为 1.25 美元和 1.90 美元，一般标准分别为 2.0 美元和 3.1 美元。中国的贫困线是根据农村居民的收入水平和物价情况推算的。我国分别于 1978 年、2008 年和 2010 年制定了三个贫困标准，其中 2010 年标准是国家现行的贫困标准的依据，即每人每年满足基本生活水平需要 2 300 元，换算到 2018 年，我国贫困线标准为 2 995 元①。除了绝对贫困线，很多学者在贫困研究中也提出了相对贫困线的设定标准，一般是将某个值的百分比作为相对的判定标准，这个基数值可以是收入均值，也可以是中位数(李实、古斯塔夫森，1996；王朝明、姚毅，2010；陈宗胜等，2013)。沈扬扬、李实(2020)将相对贫困线设定为居民中位数收入的 40%，同时分别设置了农村和城镇标准，以防止相对贫困集中于农村地区。仲超、林闽钢(2020)将多维贫困纳入相对贫困的研究之中，使用平均收入的 50%将城镇家庭分为相对贫困和非相对贫困家庭，农村贫困的界定标准为平均收入的 60%。研究发现，相对贫困家庭至少存在两个维度贫困

① 该数据来源于国家统计局历年的《中国农村贫困监测报告》。

的比例超过50%(总共6个维度),农村家庭的多维贫困比城镇家庭更为严重。在剥夺维度上,无论是城镇还是农村,教育和健康维度的剥夺均排在前两位,而城镇家庭住房维度的剥夺排在第三位,农村则是劳动力维度剥夺。在使用CFPS数据,利用多项Logit模型研究相对多维贫困影响因素方面,发现相对多维贫困不仅受户主学历、户籍等因素的影响,还受到老年人占比高、人力资本缺失、基本公共服务不足等因素的影响。

2.1.2 多维贫困的定义

20世纪70年代以后,经济学家发现人们美好的生活不仅需要食物、衣服等必需品,还要满足教育水平、医疗条件、文化娱乐等基本服务的需求(Khan,1977)。Sen(1976)提出能力贫困理论,即贫困的本质不仅取决于收入水平的高低,还受可行能力缺失的影响,如政治自由、生存机会、免于饥饿等。世界银行提出贫困不只是物质、教育和健康维度的剥夺,还包括为了自身需求而对风险规避的能力。也就是说,贫困是指福利或能力的缺失,而不仅仅是收入或消费缺失。① 收入不再是评估人们是否贫困的唯一指标,以健康、教育、社会关系等体现人的基本能力和尊严的相关指标被综合用来评估一个人或一个家庭是否贫困,实现了从生存能力到发展能力的转变。Sen(1999)对基本可行能力的定义是人们能够实际享受的生活和其所拥有的自由是否存在贫困和剥夺。多维贫困已经成为联合国人类发展指数(HDI)的重要指标,历年全球贫困监测报告也是以多维贫困作为测算核心。OPHI的定义是以健康、教育和生活水平为出发点,并选取适合指标来评价该国家或地区的贫困状况。截至2020年底,该组织已经测算了全球100多个国家的多维贫困状况,通过捕捉一个人同时面临的健康、教育和生活水平的严重匮乏来补充传统收入贫困在识别贫困方面存在的不足。王小林、阿尔基尔(2009)提出,人们除了可能会遭受收入贫困,还可能遇到饮用水、交通、住房等基本的生活需求被剥夺的情况。邓大松等(2019)指出,2020年之后我国反贫困治理的目标不应仅局限于解决经济贫困,更应转向解决贫困人口获得各种资源存在的不公平、不平等问题。因此,在政策实施中应该将多维贫困标准作为2020年后我国新的贫困标准制定与考量的重要依据,这有利于精准识别边缘贫困与相对贫困人口,提高扶贫工作的靶向性与可持续性。多维贫困也是相对贫困的一种形式,是个体在多个维度存在相对贫困的情况。王婴、唐钧(2020)提出相对多维贫困等新概念。本书针对老年人多维贫困

---

① 定义是根据世界银行的官方网站 http://web.worldbank.org/。文章的题目为《贫困与不平等分析》。

进行研究，属于特殊群体的多维贫困研究，相关研究还包括儿童多维贫困、流动人口多维贫困、女性多维贫困等。

多维贫困根据研究的时间点不同分为暂时和长期两类：暂时多维贫困是指个体在某个时点存在多个维度的贫困剥夺；长期多维贫困对多维贫困的跨期进行研究，体现的是个体在一定时期内每个时点的多维贫困情况。长期贫困研究有利于对贫困人口的贫困程度、贫困的进入和退出原因进行分析。因为个体的基本特征、健康、教育等指标会随着时间发生改变，在一定的时期内，有部分贫困人口可能因为某种冲击而陷入贫困，也有部分贫困人口会脱贫，而有些贫困人口则长期处于贫困状态。国内有部分学者对长期多维贫困进行了研究（郭熙保、周强，2016；侯亚景，2017），但受限于面板数据的可得性，目前对全国长期多维贫困的研究较多，对特殊群体的研究较少。长期多维贫困的测算方法与暂时多维贫困基本一致，仅通过增加时间临界值来判定个体在一定时期内是否存在多维贫困。长期多维贫困的研究可以将贫困程度较深的贫困人口识别出来，并给予政策上的支持，真正帮助他们提高内生发展动力，既能摆脱贫困状态，又能防止脆弱性贫困人口返贫。

2.1.3　两种贫困的区别与联系

世界银行、联合国等国际组织对贫困重新进行定义后，收入贫困和多维贫困的含义非常相似。世界银行对贫困的定义为机会和选择权利的剥夺，表现在教育、医疗、工作、安全感等权利的丧失。贫困是多维度的福利剥夺，体现人们的基本生活需求[①]。收入贫困和多维贫困存在紧密的联系，还体现在两者都是识别贫困人口的重要标准，并且收入是可行能力提升的重要手段（Sen，1999）。收入贫困是以收入维度为贫困的衡量标准，而多维贫困是从人的发展的角度来评价个体是否贫困，体现的是人的可行能力。郭熙保、罗知（2005）提出贫困可以分为两种情况：一是对基本生活的剥夺（包括营养、教育水平、健康状况等）；二是对社会权利的剥夺（包括人的尊严、安全感、自由权利等）。目前，很多国家仍然将收入作为贫困标准，低于贫困线就被定义为贫困人口，然后用收入贫困发生率代表一个国家贫困状况。收入贫困作为贫困标准的优势明显，如收入高低是人们生活水平的最直观体现，收入贫困发生率计算简单，并容易进行各国比较。但多维贫困也逐渐进入各国的贫困评价体系中，尤其是在发达国家对居民贫困的监测中；而且，也有大量学者将收入作为一个重要维度放入多维贫困

① 定义来源：世界银行的官方网站（http://web.worldbank.org/.）中题为《贫困与不平等分析》的文章。

的指标体系中。可以说,收入贫困和多维贫困不是独立存在的,有着密切的联系,收入水平的提高对减少多维贫困具有正向影响。解垩(2020)研究发现收入贫困是多维贫困的决定因素。家庭人均收入的提高会显著降低多维剥夺程度。

两种贫困的衡量方法最大的区别在于对贫困人口的识别存在较大的偏离。大量研究发现,个体会存在收入贫困而多维非贫困或者收入非贫困而多维贫困的情况,两种贫困的衡量方法识别出的贫困人口重合度较低。换言之,虽然贫困家庭存在短期收入脱贫,但仍然可能会存在多维贫困;相反,虽然贫困家庭存在短期收入贫困,该家庭也可能不存在多维贫困。李博等(2018)借助联合概率分布矩阵和动态转移矩阵,研究了收入贫困与多维贫困的静态和动态关系,发现两者存在严重的偏离,两类贫困家庭的重合程度仅为17%,使用韦恩图法也证明了这一现象的存在。这种偏离可能与家庭人口数、受教育程度等有关。张全红等(2019)比较了两种贫困对贫困人口的识别情况,指出2014年农村居民两种贫困同时被识别的可能性较小,仅为18%。在进一步的跨期动态分析中,2012—2014年农村居民中没有任何一种贫困的占比非常低,为14%,2014—2016年这一数据也仅为18%,只提高4个百分点。最值得思考的是,深度多维贫困的居民贫困发生率变化较小,这就要求政府在扶贫工作中既需要考虑如何解决贫困人口的收入贫困问题,又需要将多维贫困纳入扶贫体系之中,重视长期处于贫困状态的贫困人口的生活水平,例如,以“两不愁,三保障”作为精准扶贫政策标准的实施将会极大缓解长期多维贫困问题。Sen(1999)提出政府解决收入贫困问题不是最终目的,提升人的发展能力、享受美好生活的能力,以及实现自由才是最终目的。当然,随着人的可行能力的提高,其收入能力也会有所提高,两者并不矛盾。

2.1.4 多维贫困理论基础

1. 能力贫困理论

阿马蒂亚·森(Sen)的能力贫困理论是多维贫困研究的理论基础,该理论的核心是“自由”,是人本身所拥有对价值的追求,以及追求在政治、经济、社会等各个方面自由的权利和保障。Sen(1992)提出使用“能力方法”来评估一个人的状态,所谓“能力方法”,就是人们可以取得的各种自由的结合,可以把“人的发展是追求实际自由的过程,而实际自由就是使人免受痛苦的基本可行能力”(Sen,1985;Sen,1999;Sen,2009;Sen and Bernard,1982)。可行能力的剥夺是指个体存在收入、教育、健康、尊严等主观和客观指标的贫困。Sen(1999)认为可以从可行能力的角度来评价和分析贫困,主要基于以下三点:一是可行能力关注的是个体与生俱来的能力,是人本身享有的拥有自由的权利;二是除了收入维度，还有很多主观和客观存在的维度对人的可行能力产生影响；三是收入与可行能力的关系因地点、时间而发生改变。在该理论的指导下，Alkire 和 Foster(2007)将“基本可行能力”理论进行实践，制定了比较全面的多维贫困指标体系，对世界各国多维贫困进行描述分析。

2. 交换理论

交换理论主要强调由制度导致人们权利的剥夺和尊严的丧失，甚至由各种灾难而导致死亡的发生，是多维贫困的重要理论基础。Sen(1981)提出了权利交易的失败是导致大饥荒最根本的原因。在完善的市场经济中，可以享受以下几种权利：一个人拥有商品的交易权和所有权，即可以依靠自己的意愿来进行商品的交换，且交易后的商品归自己私人拥有；拥有生产何种商品的决定权，主要因为生产资料完全归自己所有；每个人都有决定是否参与劳动的能力，劳动参与必须符合自己的意愿；继承权和分配权得到保障，人们可以按照自己的想法来分配或转移自己的东西。市场经济中的权利是非常重要的，决定人们是否可以得到需要的商品。如果一个人的交换权利没有包括食物，后果非常可怕。假设自己不生产食物或没有自己食物的所有权，就会使用更高的价格购买粮食来满足生产所需的热量——此举破坏市场经济中商品价格的平衡，此人也可能因买不起谷物面临贫困甚至死亡的威胁，这也就是产生大饥荒的原因。当然，可以通过粮食交换导致的大饥荒来推测出其他商品交换权利的剥夺会造成更大范围的灾难。Chamber(1995)、Coudouel 和 Hentschel(2001)等研究也发现，贫困不仅与收入剥夺有关，还与低收入者的基本权利被剥夺有关，抵御疾病、暴力、灾害等风险的能力交叉。这种能力的剥夺也被称为社会排斥(Social Exclusion)，最早由 Rene(1974)提出，即使个体有较高的收入能力，但仍然被主流的经济、文化等活动所排斥和歧视，那么，这也会被认为是一种贫困现象，用来说明个体不被社会接受的程度。Strobel(1996)提出社会排斥就是某些社会群体不被社会接受，连最基本的生存权利都可能被剥夺。Paugam(1995)发现社会排斥现象包括收入低、工作不稳定、居住不安全等(UNDP，2000)。

3. 不平等理论

Sen(1981)认为贫困本身就是不平等的一种形式，在大多数社会中，收入较高的人向收入较低的人转移收入可以减少整个社会的贫困程度，贫困表现为低收入群体与其他群体之间的不平等。收入贫困是个体在收入上的不平等，而收入上的不平等也可以表现在其他维度上的不平等。Sen(1999)进一步提出，人们不仅存在收入的不平等，在生活水平、就业、安全感等福利标准中也会存在不平等。以上两种方法的不平等会受到选取维度的影响，在收入维度的排序会被其他维度的排序干扰。如果一个人在收入维度是非贫困的但存在健康维度的贫困，那么根据不同方法测算出的不平等也会存在差异。陈宗盛等(2020)提出贫困与不平等概念不能分割，贫困本身就带有相对的内涵。绝对贫困反映的是收入差距，与绝对贫困不同的是，相对贫困反映的是经济差距，这种差距体现在物质和生活标准上的相对剥夺，具有多维度、不平等特点。总体来说，当经济发展处于低水平时，绝对贫困问题亟须解决；当经济发展达到较高水平时，解决多维贫困问题更为重要。

2.2 老年人多维贫困致贫因素

随着全球老龄化的加重，老年人多维贫困的研究受到国内外学者的广泛关注。已有研究结果发现，老年人由于健康状况、教育水平等，收入增长的内生动力不足，并且容易受到不利因素的冲击，贫困发生率往往较高，而且这种贫困往往表现在多维度贫困中，不仅遭受收入等客观物质的剥夺，还存在生活满意度、孤独感等主观精神上的剥夺。

2.2.1 人力资本水平与多维贫困

人力资本水平主要包括个人或家庭的教育水平和健康状况。关于教育维度与多维贫困的研究，既包括家庭成员的受教育年限、儿童入学率和失(辍)学率等客观能力，也包括识字、记忆等主观认知能力。一般结论为受教育程度越高，儿童入学率越高，失学率越低，认知能力越高，多维贫困程度越低。Ataguba等(2013)发现教育对多维贫困有负向影响，且系数非常显著，即提高受教育程度可以改善多维贫困。与未上过学的居民相比，受过高等教育的居民多维贫困指数从0.37下降到0.14，发生率从90.82%下降至37.5%。从教育维度的贡献度来看，教育多维减贫的贡献度仅比就业维度低，排名第二。实证检验，教育对多维贫困的回归系数为－0.276，且非常显著。陈立中(2008)在贫困研究中发现，我国教育的主要问题是教育发展的不平等问题，城乡差距和地区差异比较明显。Yu(2013)提出教育贫困对多维贫困的贡献逐渐增大。实证结果发现，宏观上教育水平对各地区的影响不同，对江苏省等东部地区的减贫影响要高于中西部地区。微观上家庭成员教育水平越高，人口越会从农村向城市转移，这将进一步拉大城乡差距。因此，教育剥夺和教育城乡差距会加重农村多维贫困，而提高居民的教育水平可以有效缓解多维贫困。仲超、林闽钢(2020)发现无论如何定义贫困家庭，教育均与家庭陷入多维贫困负相关，并且非常显著。

张子豪、谭燕芝(2020)使用 CFPS 数据研究了认知能力对多维贫困的影响机制，其中认知能力用居民掌握的字词数量、算术能力和记忆能力表示。结果发现，认知能力对多维贫困有负向影响，系数为－0.129 9，且非常显著，加入中介变量后，这种负向影响仍然显著，系数为－0.129 3。同时，教育作为重要的人力资本，还可以有效帮助贫困人口摆脱长期贫困和代际贫困(葛岩等，2018)。同时，宋扬、刘建宏(2019)提出减贫政策应该重视儿童贫困，继续加大农村地区的教育投入，这有利于解决整个生命周期的贫困问题。

健康维度主要包括营养状况、重大疾病或慢性病、医疗保险等指标。Alkire 和 Santos(2010)选取儿童死亡率、营养状况等指标测算南亚和非洲地区的儿童多维贫困状况，发现儿童死亡率和营养不良对多维贫困有正向影响，当儿童健康条件恶化时，其陷入多维贫困的概率越高。Drèze 和 Sen(2011)研究发现预期寿命与多维贫困负相关，预期寿命越高，多维贫困的可能性越低。Ataguba 等(2013)测算发现健康对多维贫困的贡献度为 12%。回归结果也验证了这一结论，健康对多维贫困的影响系数为－0.093，且结果非常显著。王小林、阿尔基尔(2009)也发现了医疗保险和健康状况指标对多维贫困影响最大。Yu(2013)研究发现，健康对西部地区多维贫困减贫的影响要远远大于中部、东部地区。沈扬扬等(2018)发现在 2000 年之前，农村自费医疗支出占比情况对多维贫困的贡献度最高，随着新型农村合作医疗(简称新农合)的实施，以及覆盖率和报销标准的提高，健康贫困的问题逐渐改善。整体来说，农村居民的健康和医疗贫困发生率最高，对多维贫困的贡献度较大。健康与多维贫困的关系主要是表现为家庭成员患疾，家庭劳动力减少，家庭收入水平降低，同时家庭消费支出增加，家庭容易陷入多维贫困的境地，即健康状况越好，多维贫困指数越低。还有一个问题值得关注，健康既是多维贫困的重要指标，又是影响多维贫困的重要因素，在实证中要注意健康变量的内生性问题。

2.2.2 收入与多维贫困

已有研究对收入与多维贫困的关系存在较多争论，主要有以下几种情况：一是收入作为一种能力是否可以放入多维贫困指标体系之中，如果放入指标体系，会不会与其他指标具有相关性；另外，收入水平又是影响多维贫困的重要因素，所以一些学者认为不应该将收入放入多维贫困指标体系(也称多维贫困评价体系)中(王小林、阿尔基尔，2009；解垩，2015)。二是认为收入应该放入多维贫困评价体系，首先收入水平就代表了一种能力，收入水平较低也代表了在该维度上的剥夺，所以应该将收入作为多维贫困的重要指标(Yu，2013；沈扬扬等，2018)。Yu(2013)将收入放入多维贫困评价体系中，发现收入与多维贫困呈负相关,即收入水平越高,多维贫困可能性会越低。随着社会保障体系的不断完善,收入对多维贫困的影响逐渐提高。陈立中(2008)认为摆脱收入贫困比摆脱多维贫困更容易,也就是说,多维脱贫更难,如果个体存在多维贫困,则他很可能会陷入长期贫困的处境。只有增加和提高居民的社会福利水平,多维贫困才会得到缓解。进一步进行不平等测算发现,1990—2003年福利水平是不断增加的,将1997年作为分界线,1997年之后福利不平等问题却加重了,经过比较发现,虽然不平等增加了,福利水平与贫困线的差距减小了,整体来看福利水平是逐渐改善的。张全红、周强(2015)发现收入对多维贫困的影响最大,但不同时期的影响存在差异。葛岩等(2018)研究表明,家庭成员收到的礼金越多,说明该家庭的社会关系更广,家中儿童多维贫困的可能性越低。另外,房屋价值和人均收入水平对儿童有负向影响,且非常显著。

也有学者按收入分组研究多维贫困变动情况。Alkire 和 Seth(2013)研究了不同收入分组的多维贫困情况。按收入分组测算了1999—2006年的多维贫困变动情况,发现低收入组的贫困状况变化最小,多维贫困与其他组的差距逐渐拉大。杨龙、汪三贵(2015)认为我国居民收入随经济快速增长不断增加,但居民之间的收入差距反而增大,显然低收入群体的多维贫困指数变动较大,敏感性较高,高收入群体的多维贫困指数变动较小,敏感性较低,这将导致农村居民不平等逐渐恶化,不利于脱贫致富。与健康和教育维度相似,收入作为多维贫困指标可能会与其他指标相关,或存在指标之间的内生性问题,需要使用皮尔逊检验、工具变量等方法来进一步分析。

2.2.3 户籍和社会保障制度与多维贫困

有学者研究户籍制度对多维贫困的影响,并且城乡之间的贫困影响因素也会存在差异(郭熙保、周强,2016;温兴祥、邓子媛,2020),农村户口居民多维贫困程度要高于城镇户口居民。户籍制度造成的教育、医疗、就业等客观差距是出现城乡多维贫困差异的主要原因,同时户籍制度还会造成城乡之间存在幸福感的差距,尤其是在农村留守的儿童和老年人群体中,进一步拉大了城乡多维贫困。Yu(2013)认为城乡和不同省份的多维贫困程度存在差异,而且不同省份的经济发展与多维贫困程度不一致。郭熙保、周强(2016)发现多维贫困中有43%的可能是户籍制度导致的,如教育、医疗、就业等。

我国的社会保障支出主要包括养老金、医疗保险和低保等,而研究发现社会保障支出的规模和结构都会对多维贫困产生影响。Yu(2013)研究发现社会保障支出对农村减贫的影响较大。随着我国社会保障体系中新农保、新农合、低保等支出标准和覆盖率的提高,社会保障制度对多维贫困的影响会逐渐增加，效果会更加明显。解垩(2015)使用微观数据分析了转移支付对多维贫困的影响，但是转移支付的减贫效应存在异质性，养老金对城乡多维贫困减少效果明显，但低保对农村老年人多维贫困的影响不显著。主要原因如下：对贫困人口的识别不够客观，导致低保瞄准性较低，并且缺乏行之有效的动态监管。养老金对多维贫困有负向影响，回归系数为－0.079，且系数非常显著。虽然养老金的效果非常显著，但养老金的标准仍然远低于城镇居民离退休金的标准。沈扬扬等(2018)利用跨期数据分析了我国多维贫困变动情况，发现随着新农合政策的实施，居民医疗报销比例提高，自费医疗支出占比下降，多维贫困发生率也在逐渐下降。

2.2.4　地区差异与多维贫困

地区对多维贫困的影响主要体现在不同地区自然资源禀赋、经济水平、人口结构、保障政策对多维贫困有显著影响(Alkire and Santos，2010；Alkire and Seth，2013)。已有研究测算结果发现，西部地区的多维贫困问题更为严重。陈立中(2008)研究了省级层面的多维贫困情况，发现不同省份面临的贫困指标剥夺也不同，在实施反贫困政策时，要充分考虑地区差异，如贵州的收入贫困、西藏的教育和健康贫困，应该精准识别并分类施策，不断提高贫困地区的基本公共服务水平。杨龙、汪三贵(2015)认为地区对多维贫困影响较大，不同地区之间和地区内部都会存在多维贫困严重程度的差异。具体来看，西部地区贫困发生率高于东部、中部地区，而且同一地区的不同省份的贫困情况也存在差距。沈扬扬等(2018)也发现多维贫困集中在低收入群体和欠发达地区。葛岩等(2018)认为地区变量对多维贫困的影响存在地区歧视行为，劳动力流动减少。地区中地形因素对多维贫困的影响也是不容忽视的，西部地区居住在山地的居民，陷入多维贫困的风险要高于平原地区(侯亚景，2017)。贫困具有邻里效应，即一个地区的家庭致贫原因可能存在相似性(郭熙保、周强，2016)，所以更应该关注欠发达地区的贫困问题。解垩、宋颜群(2019)发现可以通过提高教育和收入水平来解决农户贫困问题，社区整体教育水平的提高会有效降低贫困发生率。

已有研究文献中，有从性别、年龄、婚姻状况、家庭规模、子女数量、子女性别等变量研究多维贫困的致贫因素(Ataguba et al.，2013；葛岩等，2018)，还有从政府提供的转移支付、基本公共服务等角度研究多维贫困的致贫因素。

2.3 老年人多维贫困减贫机制研究

能够有效减少老年人多维贫困的主体有三个:家庭、政府和社会。家庭养老可以提供物质的帮助、子女照料和陪伴,带来幸福感的增加和孤独感的减少;政府养老可以增加老年人的收入水平,提供良好的基础设施和公共服务;社会养老可以解决孤寡老人的照护问题,尽量满足他们基本的生存需要,也是对家庭养老和政府养老的有效补充。从已有研究来看,家庭和政府养老仍然是老年人主要的养老方式,近年来政府养老的作用凸显,对家庭养老有一定的替代效应。

2.3.1 个人能力、家庭关系的多维减贫机制研究

从家庭特征来看,教育水平、认知能力、健康状况等人力资本水平的提高,以及赡养方式、子女照料和陪伴等会对老年人多维贫困减贫产生正向影响。吴茜、姚乐野(2020)研究了子女照料、陪伴等对老年人多维贫困的影响。整体来看,子女代际支持有利于改善农村老年人多维贫困现状,子女在经济和精神上的支持和陪伴越多,多维贫困指数越小。孙金明、张国禄(2018)使用 CLHLS 2014 数据对我国失去自理能力老人的多维贫困进行测算。研究发现,这部分老人的身体健康和心理健康的贡献较大,如心理健康、满意度等主观维度的剥夺和医疗保障水平等客观维度剥夺。宋嘉豪等(2019)发现目前子女经济支持仍然是老年人的主要养老方式,代际互动会显著减少老年人多维贫困;提出减少老年人多维贫困需要促进农村劳动力的回流,加强农村精神文明建设和提高农村社会福利水平。高翔、叶晓梅(2020)发现教育对老年人多维贫困有负向影响,教育水平的提高可以缓解老年人的收入、健康和精神贫困,但对权利贫困没有影响。刘守英、纪竞垚(2020)研究发现子女与老年人的养老关系发生改变。经济快速发展和城镇率的提高,促进大量偏远地区劳动力向东部流动,农村人口向城镇流动,尤其是“80后”成为转移的主力军后,农村老龄化更加严重,留守老人数量增加,老年的养老需求不断提高,养儿难防老的现象凸显。虽然目前家庭养老是首选,但这种模式面临的问题更加突出。应该建立和完善城乡居民养老金、高龄津贴制度、农地“三权分置”等制度,提高农村社会养老服务能力和水平,实现家庭养老和社会养老的优势互补。

张子豪、谭燕芝(2020)利用中介效应模型和有序 Probit 模型,发现“认知能

力”可以通过提高农村居民的融资信贷规模来减少多维贫困。但随着农户剥夺维度的增加,“认知能力”的多维减贫效应呈现边际递减的趋势,当农户在8个维度上全部存在剥夺时,多维减贫效应消失。郭熙保、周强(2016)发现在长期多维贫困中,户主特征对多维贫困有显著影响,提高教育水平和健康状况可以降低陷入长期多维贫困的可能,既可以帮助农村贫困人口脱贫,又对缩小我国收入差距和不平等有重要影响。

2.3.2 政府开发式扶贫政策多维减贫机制研究

开发式扶贫政策主要体现在对落后地区产业政策、金融信贷支持、基础设施和公共服务等方面的扶持。我国开发式扶贫政策的实施主要是依靠财政扶贫资金来实现的,通过专项资金(专项转移支付)、财政体制及税收优惠等方式为我国贫困人口脱贫、地区经济高质量发展以及收入水平的提高等提供项目和资金支持①。该政策对多维贫困的减贫机制主要是通过提高居民的收入水平减少收入贫困,而在教育、医疗、住房等方面的基础设施投入来提高贫困人口的生活水平,进一步减少老年人受到的多维剥夺,即收入水平的提高和基础设施的完善必然会减小大部分贫困人口的多维贫困。邓大松等(2020)研究了精准扶贫政策对农村多维贫困的减贫影响,主要中介机制是精准扶贫政策对劳动力外出打工有影响。精准扶贫中的信贷支持可以有效减少多维贫困。张子豪、谭燕芝(2020)研究发现农村居民得到信贷对多维贫困有显著的负向影响,或者说如果农户可以得到更多正规的贷款,可以用这些贷款来提高收入和生活水平,农村的多维贫困会明显减少。何宗樾等(2020)使用中国数字普惠金融发展指数和CFPS数据进行匹配,研究了数字经济(数字金融)对多维贫困的正向影响,发现数字经济并不利于多维贫困的减少,且这种影响逐年增大。这与一般假设不符,作者对结果进行检验发现,现在的数字金融发展模式可能存在结构性问题,数字金融对拥有网络知识的人比较友善,为其提供了更多的资源和便利,但不仅没对无网络知识的群体产生任何优势,反而这类群体的资源进一步被侵占,这部分人又是收入水平较低的群体,所以这种数字金融导致的差距使得位于贫困线附近和贫困线以下的居民更加贫困。进一步通过机制分析发现,数字金融发展带来的主要问题是贫困人口的失业,而这些居民对数字金融了解较少。因此,在推进数字金融产业发展的同时,需要继续提高金融服务的普及率和覆盖率,尤其对于农村贫

① 财政扶贫资金主要包括支援经济不发达地区发展资金、扶贫专项贴息贷款的贴息资金和以工代赈资金。

困人口而言，加强对贫困人口的培训和教育，提高适应经济发展的新形势，增强自我发展的内生动力。总结开发式扶贫的经验可以发现，该政策对有劳动能力的群体的脱贫影响显著，但对没有或丧失劳动能力的老弱病残群体影响较小，该部分群体又是容易返贫的脆弱性人口，因此，国家在继续实施开发式扶贫和乡村振兴政策的同时，也要加大对老弱病残群体的保障性扶持力度。

2.3.3 政府保障性扶贫政策多维减贫机制研究

我国社会保障体系的不断完善为农村的多维减贫工作提供了有力的支持。改革开放以来，我国政府非常重视完善社会保障制度，形成了以养老金、医疗保险、低保等为核心的保障体系。新农合方面，2009 年新农合基本实现对农村居民的全覆盖，并成为我国农村的基本医疗保障制度，2019 年基本实现新农合与城乡居民医保的融合；新农保方面，2009 年提出新型农村养老保险政策，2012 年建立城乡居民养老金，2020 年覆盖超过 10 亿人。不断完善的社会保障制度在缩小城乡差距的同时，也对我国的精准扶贫和多维减贫工作贡献巨大。张川川等(2015)发现转移支付有正外部性，养老金不仅可以提高收入水平，还会增加老年人的消费支出水平，提高他们的幸福感。高翔、叶晓梅(2020)研究中发现，以养老、医疗等为主的社会保险在农村老年人减少多维贫困方面发挥了调节作用，应该增加农村老人的教育资源供给，提高养老服务水平。

已有文献从居民获得的政府转移支付的角度研究多维贫困的减贫机制。有学者研究了养老保险、医疗保险、低保的多维贫困减贫机制。温兴祥、邓子媛(2020)利用 CFPS 数据，研究了流动人口的基本公共服务对多维贫困的影响。结果发现，2010—2016 年，城镇户口的劳动者的基本公共服务多维贫困下降幅度要明显大于农村户口的劳动者，而且城镇户口劳动者多维贫困的下降幅度也更大，城乡差距逐渐拉大。进一步研究发现，主要原因是农村户口的劳动者在城镇养老保险和医疗保险方面的严重剥夺，导致其多维贫困指数更高。因此，在多维贫困的减贫中要重视基本公共服务的作用，提高养老保险和医疗保险等基本公共服务在农村户口劳动者的覆盖率，缩小城乡差距。解垩(2015)研究发现公共转移支付中的农村养老金对老年人的多维减贫效应比城镇老年人明显，解垩(2017)使用 CFPS 2012、CFPS 2014 数据发现，新农保和城镇居民养老保险(简称城居保)对老年人多维贫困影响较小，对居民收入差距影响也较小，主要的原因是两种养老金的覆盖率和标准较低。郭熙保、周强(2016)认为，随着医疗水平和医疗保险制度的改善，老人的健康状况和收入水平增加会减少对子女的需求，进而缓解老年人多维贫困。张鹏、徐志刚(2020)利用 CFPS 2010—

2016 数据研究了公共转移支付的多维减贫情况。随着转移支付收入的增加，农村居民会增加在健康上的投入，更加重视子女的教育，并且影响非常显著，但对于城镇家庭影响较小。政府在转移支付政策中应该加大对农村贫困人口的子女教育和医疗的投入，缩小城乡基本公共服务差距。

还有文献从政府宏观财政支出规模和结构的角度研究社保支出与多维贫困的关系。李晓嘉等（2019）利用 CHNS 2004—2015 数据，使用多层 Logit 模型，分家庭、地区和省级等多个层面，研究发现地方养老金支出的增加会减少多维贫困，这种支出作用在农村居民中的效应更大。从分项支出结构来看，教育和医疗支出的效应优于养老金支出。值得关注的是，在实证的异质性检验分析中，教育支出对 60 岁以下群体的减贫效应要高于 60 岁及以上的老人，医疗和社会保障支出对 60 岁及以上老人的减贫效应高于 60 岁以下群体。因此，可以说政府扶贫政策要提高瞄准性和分类施策。60 岁以下贫困人口要重视对其发展能力的投资，提高内生发展动力，而对于 60 岁及以上的老年人，保障性的扶贫政策可以作为多维减贫的重要补充。李晓嘉等（2020）研究财政医疗支出的健康多维减贫机制，结果发现医疗支出对减少多维贫困效果非常显著，分项支出中的公共卫生支出减贫作用最为显著。各分项支出结构对城乡、各年龄组的居民多维减贫效应存在差异。医疗机构和公共卫生支出对农村居民的减贫效果更为显著，而医疗保障支出对城镇居民的减贫效果更为显著。医疗卫生机构和公共卫生支出对 60 岁以下居民的健康减贫效应大于 60 岁及以上居民，而医疗保障支出对 60 岁以下居民的健康减贫效应小于 60 岁及以上的居民。魏晓博等（2020）从财政分权的角度研究多维贫困的减贫机制。财政分权使地方政府获得自主权，通过信息优势来对贫困地区进行扶持，可以通过生产性支出和服务性支出减少多维贫困，服务性支出的效果比生产性支出好；可以提高欠发达地区财政分权程度，优化政府支出结构，建立城乡减贫一体化体系，充分发挥政府间的联动作用。财政分权还可以增加地方政府对饮用水、交通、学校、医疗机构等基本公共服务设施投资，改善贫困人口的生活水平（Borge et al.，2014）。财政分权度越高，政府对教育、医疗、卫生等支出的投入越高，对多维贫困减贫作用越大。

社会保障支出在减少老年人多维贫困中发挥重要作用，但也需要注意的是，政府养老金养老模式对子女家庭养老的替代可能会对多维贫困产生影响，养老金的增加会减少家庭转移收入，增加子女的陪护时间。袁蓓等（2011）研究发现，社会保障可能挤出子女对老年人的赡养和照料，如果社会保障体系不完善，甚至会增加老年人陷入贫困的风险。程令国等（2013）发现新农保促进了农村家庭的养老模式的转变，提高了老年人收入水平，减少了子女的经济帮助，同时也改变了孩子与老年人照护方式，以及老人与子女的居住方式。张川川、陈斌开(2014)研究发现养儿防老的形式难以持续，政府养老模式会对子女养老有挤出效应，开始获得新农保收入的老人，收到子女代际转移概率下降32%～56%，但这对已经获得转移支付的老年人的影响较小，由于养老金标准低等因素，这两种养老模式的替代关系较小。解垩(2015)发现低保对农村老年人的减贫效应并不明显。因此，不仅需要增加社保的规模，提高农村养老金、医疗保险等补贴标准和覆盖率，提高保障性扶贫政策的瞄准性更为关键；同时，还不能忽视家庭养老的重要性，从目前来看，是否与子女居住、子女的生活照料和情感关怀对农村老年人多维贫困有显著的负向影响(宋嘉豪等，2020)。

总之，提高老年人生活水平、减少老年人多维贫困应该发挥家庭养老和政府养老的合作优势。在继续鼓励和支持家庭养老的模式下，刘守英、纪竞垚(2020)提出，应该进一步增加政府的养老金支出规模，尤其是提高农村居民的收入水平和生活水平，从多个层次提高老年人福利水平和幸福感。

2.4 本章小结

本章主要是梳理了已有的多维贫困研究成果，并对截至2020年的研究情况进行综述。整体来看，国内外学者对多维贫困的定义、理论和测算方法基本达成一致。已有文献主要集中在国家或地区层面的多维贫困现状分析，以及从个人或社会特征研究多维贫困的影响因素，为本书提供了丰富的理论基础和实践指导。受限于方法和数据的质量，仅有少数学者对特殊群体多维贫困进行研究，如老年人、儿童、残疾人、流动人口等，其中老年人多维贫困最为严重。近年来，随着老龄化的加剧，加之老年人是易贫致贫人口的特殊属性，学者对老年人多维贫困的研究逐渐增加，但也主要集中在老年人多维贫困的暂时测算上，对老年人长期多维贫困的研究较少，对多维贫困的减贫机制分析更少。改革开放以来，我国主要实施的是开发式扶贫政策和保障性扶贫政策，其中开发式扶贫政策对有劳动能力的贫困人口的有效减贫贡献巨大，对没有劳动能力的老弱病残群体的减贫仅有一定的间接效果，而保障性扶贫对老弱病残群体的减贫影响较大且比较直接，因此在老年人多维贫困减贫机制分析中应该重点研究社会保障支出在减贫中的作用。

本章认为老年人多维贫困研究既需要对老年人多维贫困现状进行全面分

析，了解我国老年人多维贫困现状，更需要深入研究该如何帮助老年人摆脱多维贫困。总结已有研究发现，进一步完善家庭养老、政府养老和社会养老模式，构建多层次的社会保障体系是减少老年人多维贫困的重要保障。接下来的章节将在已有的研究基础上，对老年人多维贫困现状进行全面分析，找出多维贫困的影响因素和减贫机制，为提高老年人的福利水平、幸福感和获得感建言献策。

第3章　测算方法、指标体系与数据来源

本章首先对国内外多维贫困的常用测算方法进行综述和评价，比较出各种测算方法存在的优势和不足。其次，介绍本书使用的多维贫困测算方法，即AF多维贫困指数法[①]，并介绍该方法的比较优势。然后，根据研究对象的不同，本书构建了两个多维贫困指标体系，分别是适合全国居民的多维贫困指标体系和老年人多维贫困指标体系，其中，老年人多维贫困指标体系主要在整体多维贫困指标体系的基础上，着重考虑老年人的基本生活需求。最后，对本书使用的主要数据进行详细介绍。使用的微观数据库为历年中国家庭收入调查数据(CHIP)和中国家庭追踪调查数据(CFPS)。使用CHIP 2018数据对老年人多维贫困状况进行分析。在多维贫困的国际比较中使用了OPHI公布的历年全球多维贫困指数报告，同时使用了《中国统计年鉴》《中国农村贫困监测报告》等宏观数据。

3.1　多维贫困测算方法比较分析

3.1.1　多维贫困测算方法的梳理和评价

自阿马蒂亚·森(Sen)提出“能力贫困”理论以来，学者们就尝试将该理论进行量化分析。目前来看，学者已经就贫困是多维的概念基本达成共识，贫困不仅

① AF多维贫困指数法是Alkire和Foster(2007)提出的多维贫困指数法，简称AF法，又称双临界值法。

表现为收入或消费的剥夺,还表现为生活各个维度的剥夺。然而,要将贫困的各个指标纳入多维贫困指标体系中来测算多维贫困是有难度的。国内外学者一直在努力寻找最准确的、合理的测算方法。通过对已有研究的梳理,本书将学者们使用的多维贫困方法分为两类:第一类是以指示盘法(Dashboard Approach)、综合指数法(Composite Indices)等为主;第二类是以韦恩图法(Veen Diagrams)、模糊集法(Fuzzy Sets Approach)、公理化法(Axiomatic Approach)等为主。两大类别主要根据数据的使用范围和变量的联合分布情况来划分。

第一类方法的产生、发展和评价。Hicks 和 Streeten(1979)提出了指示盘法,需要分别测算所有指标的贫困发生率,各指标是相互独立的。该方法的优势是共享指标,数据的要求比较少,可以是基数也可以是序数数据。该方法的缺点也同样明显,缺少优先顺序且忽略权重,然而各指标对多维贫困的贡献是存在差异的。另外,由于各指标的独立性,该方法也得不到指标的联合分布情况,不利于贫困的识别。Stiglitz 等(2009)提出了综合指数法,主要是对指示盘法的优化,很多官方的指标体系就借鉴了该方法,如人类发展指数。该方法的优势是对数据的整合,可以对不同的指标进行标准化。该方法的缺点也很明显,只能得到一个整体值,无法识别出哪些人是贫困的,也得不出贫困发生率。

第二类方法的产生、发展和评价。Atkinson 等(2010)提出韦恩图法的研究方法,主要是在贫困指标加总时,找到各指标的交集和并集。所谓交集是两个指标均存在贫困才被定义为多维贫困,并集是两个指标只要有一个存在贫困就被定义为多维贫困。该方法的优点是可以对重合部分进行分析,也可以将全部贫困和部分贫困进行对比。缺点是当指标较少时,韦恩图法非常有效;当指标较多时,韦恩图法的计算加总比较复杂。Ayala(2011)提出了潜类别模型分析法(Latent Class Analysis,LCA),认为多维贫困是一个潜在的现象。该模型能够识别不可观测维度剥夺与不同维度指标之间的关系。潜类别模型是一种对数线性模型,它将分类的潜变量和非连续的指标关联起来。模型中的指标被分成一个或多个潜变量来估计潜在的条件概率。这种方法在发达国家的研究中比较普遍。解垩(2020)利用 CFPS 数据,选取了饮用水、厕所、炊用燃料等指标,使用该方法测算了我国多维贫困发生率。Cerioli 和 Zani(1990)使用模糊集法(Fuzzy Sets Approach)来测算居民的多维贫困情况。该方法的核心是设定两条贫困线:一条略高于普通贫困线,另一条略低于普通贫困线,很好地将处在贫困线周围的人口识别出来。后来被一些学者使用和改进(Atkinson,1987;Lelli,2001;Tsui,2002;Lemmi and Betti,2006;Bastos and Machado,2009;Atkinson et al.,2010)。该方法存在的缺点是无法对贫困进行准确的界定,测算结果的稳健性无法进行检验,同时贫困线或贫困标准的选取存在争议,这会严重影响测算结果。

公理化法最早具代表性的成果是由 Bourgignon 和 Chakravarty(2003)提出的，他们认为应当对每个指标设定贫困线，当个体的情况低于任意维度的贫困线则界定该个体在这一指标是存在剥夺的，然后再将所有贫困指标结合起来，形成的多维贫困指数比较合理。很多学者对公理化法做出了重要贡献，主要体现在贫困的识别(Maasoumi and Lugo，2008；Tsui，2002)和贫困的加总(Foster et al.，1984；Chakravarty and D' Ambrosio，2006)。Alkire 和 Foster(2007)提出了 AF 多维贫困指数法，该方法可以用来测算贫困人口的多维贫困指数、发生率和程度。同时，还可以进行子群分解，既可以按国家或地区、城镇或农村等分组进行分解和比较，又可以按维度、性别、年龄、收入以及其他个体或家庭特征进行分解和比较。同时，Alkire 等在此基础上，进一步研究了多维贫困的动态趋势。Foster(2009)提出了跨期持续时间法后，将以上两种方法结合起来，可以用来测算长期多维贫困。也就是说，AF 法不仅可以测算静态或暂时的多维贫困状态，对长期多维贫困的研究也有贡献。鉴于该测算方法的准确、简单和有效性，目前被广泛应用于世界各国的多维贫困测算中。

Alkire 和 Santos(2013)对各种方法进行详细介绍和评估后认为 AF 法更能准确地测算多维贫困情况。当然，仍有一些国外学者对此提出质疑，Rippin(2003)认为 AF 法存在一个缺点，是多维贫困指数法对各个指标的贫困发生率变动不敏感，当个体某个指标的脱贫或陷入贫困时，多维贫困指数可能不会下降或上升。Duclos 等(2006)认为 AF 法也忽略了指标之间的可替代性和互补性。Mckay(2004)对剥夺维度选择也提出了自己的看法，他认为指标的选取非常重要，尤其在生活标准的选取上，每个居民对生活水平高低的认知存在差异，在进行指标选取时应该选取能够代表普通人生活水平的指标。Silber(2011)对 AF 法给出了自己的建议，认为"双临界值"方法中需要确定每个维度或指标的阈值以及剥夺的指标数，阈值可以用来准确地判断每个指标上的贫困情况，第二阶段中选取剥夺维度上，可能更好的方法是使用 Bourguignon 和 Chakravarty(2003)提出的指数中的指标，它比 MPI 指数更复杂，而且允许维度之间存在替代性和互补性。

国内学者对各种多维贫困指数方法的优势和不足也进行了评价，同时对已有的多维贫困指数法进行了改进。大部分研究认为公理化的 AF 法具有明显优势，既能准确测算出多维贫困情况，又具有简单、直接等特点。尚卫平、姚智谋(2005)认为多维贫困指标方法要优于综合指数法。邹薇、方迎风(2012)比较了模糊集法(Fuzzy Sets Approach)和 AF 法的优缺点。冯怡琳、邸建亮(2017)对 AF 法进行了比较全面的评价，认为 AF 法的主要优点是：一是可以使用统一的标准对国家之间、地区之间的多维贫困进行比较，而且测算结果较为准确，测算方法也更直接；二是在维度的选择上可以体现人的发展能力指标，涉及个体的各个方面；三是双临界值的设定也更有利于贫困的精准识别，可以从一维或者多维角度判定个体的贫困状况。该方法的不足主要有：一是指标和数据的选取可能会存在偏差，从一个国家或地区来说，测算的贫困人口与实际贫困人口可能基本一致，但当数据样本到个体时测算结果可能会略有差异；二是维度与权重的设计仍然有较强的主观性，需要设定科学合理的指标体系和权重标准。应该尽量在保持国际标准的同时，根据各个国家的实际情况来选择维度和权重。总体来说，AF 法是测算多维贫困较好的方法，并被国内外学者广泛应用。国内学者周强(2016)、侯亚景(2017)、葛岩等(2018)等研究对我国的长期多维贫困进行了实证测算。

3.1.2 AF 多维贫困测算方法介绍

AF 多维贫困指数法是 Alkire 和 Foster(2007)提出的，后来经过多次的论证和更新才形成了目前的测算方法。该方法的理论基础是 Sen(1976)的贫困测算法和 Foster 等(1984)提出的 FGT 指数法。FGT 指数法，简称 FGT 法，主要用来测算收入贫困，在测算存在一个维度的贫困时有优势，而对测算多维贫困各维度或指标的联合分布情况则存在不足。Alkire 和 Foster(2007)在 FGT 指数法的基础上研究了某个时点上居民多个维度贫困的测算方法，被称为 AF 多维贫困指数法，简称 AF 法。AF 法的核心是对传统方法进行扩展，即在识别方法上提出指数 ρ_k。在贫困识别时主要分为三步：第一步是对每个维度或指标分别选取一个阈值，来识别个体是否贫困；第二步是在不同的维度或指标中确定个体最低的被剥夺得分，用来识别个体是否存在多个维度的剥夺；第三步是对各维度得分的加总，使用的是调整的 FGT 法，用来衡量多维贫困发生率、多维贫困程度。已有大量文献对 AF 法进行描述和梳理(王小林、阿尔基尔，2009；解垩，2015；冯贺霞等，2015；郭熙保、周强，2016；侯亚景、周云波，2017；方迎风、张芬，2017；沈扬扬等，2018)。本书也进行了简单的梳理，将测算分为三个主要步骤：一是确定各维度的取值；二是确定临界值，对个体在不同维度是否贫困进行识别；三是权重设定，并将权重与得分进行加总，最终得到总的多维贫困指数。具体步骤如下：

第一步是用公式表示各维度的取值，其中，$\boldsymbol{M}_{n,d}$ 代表 $n\times d$ 维矩阵，并且令矩阵的任一值 $y\in \boldsymbol{M}_{n,d}$，代表 n 个人在 d 上的值。y 中的任意一个元素 y_{ij}，代表个体 i 在 j 上的取值($i=1,2,\cdots,n;j=1,2,\cdots,d$)。

第二步是确定每个维度的贫困临界值和最低剥夺得分的临界值来进行多

维贫困识别，临界值分别用 z 和 k 表示。每个维度贫困的识别需要确定一个阈值，当个体取值小于这个阈值时，则判定它在这个维度上是贫困的；反之，则不存在贫困。用向量 $\boldsymbol{Z}_j$ 代表每个维度阈值的集合。这样对任何矩阵 $\mathbf{y}$，就可以构造一个贫困剥夺矩阵，$\boldsymbol{g}^0=[g_{ij}^0]$，即当 $y_{ij}<\boldsymbol{Z}_j$ 时，$g_{ij}^0=1$，当 $y_{ij}>\boldsymbol{Z}_j$ 时，$g_{ij}^0=0$，也就是说，当个体在某个维度上存在被剥夺时，赋值为 1，若在该维度上没有被剥夺时，赋值为 0。然后使用一个列向量代表个体总体被剥夺得分，即 $\boldsymbol{C}_i=[g_i^0]$。在确定每个维度识别后，进行多个维度的被剥夺识别（同时考虑 k 维度，且 $k=1,2,\cdots\cdots,d$）。假设总维度为 10 个，当 $k=3$ 时，表示在 10 个维度中，该个体是否同时存在任意 3 个维度被剥夺。ρ_k 为判定是否为贫困的函数。当 $\boldsymbol{C}_i\geqslant k$ 时，$\rho_k(\mathbf{y}_i:z)=1$；当 $\boldsymbol{C}_i<k$ 时，$\rho_k(\mathbf{y}_i:z)=0$，也就是说，当识别出的个体被剥夺得分大于或等于 k 时，该个体被识别为贫困；反之，该个体为非贫困。

第三步是在等权重的情况下对贫困情况进行加总①，得到最终多维贫困指数。② 该方法的缺点是无法测算贫困人口的联合分布和贫困程度。AF 法对此进行了改进。多维贫困指数用 M 表示，下面给出多维贫困三种可能算法，式(3-1)是多维贫困指数 M_0，其中 $A=|c(k)|/(q*d)$；式(3-2)是考虑到多维贫困程度的贫困指数 M_1，其中 $G=|g^1(k)|/|g^0(k)|$；式(3-3)是多维贫困发生广度和深度的贫困指数 M_2，其中 $S=|g^2(k)|/|g^0(k)|$。具体公式如下：

$$M_0=\mu[g^0(k)]=HA \tag{3-1}$$

$$M_1=\mu[g^1(k)]=HAG \tag{3-2}$$

$$M_2=\mu[g^2(k)]=HAS[g^2(k)] \tag{3-3}$$

式中，H 表示贫困发生率，等于贫困人口除以总人口，贫困人口越多贫困发生率越高；A 表示贫困程度，即多维贫困人口中贫困维度占所有维度总数的比重；G 表示多维贫困差距；S 表示平均多维贫困差距平方。

Alkire 和 Santos(2013)对 AF 法进行子群分解(Subgroup Decomposability)和维度分解(Dimensional Break-Down)，分别得出不同分组的贫困指数对多维贫困指数的贡献度。子群分解可以得到不同特征组下的居民多维贫困情况，并可以进行比较分析。具体公式如下：

$$M(X;Y;Z)=\frac{n(\boldsymbol{x})}{n(\boldsymbol{x},\boldsymbol{y})}M(\boldsymbol{x};\boldsymbol{z})+\frac{n(\boldsymbol{y})}{n(\boldsymbol{x},\boldsymbol{y})}M(\boldsymbol{y};\boldsymbol{z}) \tag{3-4}$$

---

① 后面将详细介绍对权重设定的讨论，不同的权重会对测算结果产生影响。

② Foster，Greer 和 Thorbecke(1984)提出简单实用的按人头计算贫困发生率的贫困测算方法，即 FGT 法。按人头计算的多维贫困发生率 $H=H(y,z)$，$H=q/n$，其中 q 是在 z_k 标准下的贫困个体数，n 为总人口数。

式中：$\boldsymbol{x}$ 和 $\boldsymbol{y}$ 分别为两个矩阵，$(\boldsymbol{x},\boldsymbol{y})$为合并 $\boldsymbol{x}$ 和 $\boldsymbol{y}$ 后的矩阵；$n(\boldsymbol{x})$为矩阵 $\boldsymbol{x}$ 的人数，$n(\boldsymbol{y})$为矩阵 $\boldsymbol{y}$ 的人数。

3.1.3 动态多维贫困测算方法介绍

Alkire 等(2014)基于 AF 法，建立了一个动态的多维贫困测算方法。该方法主要是比较跨时期不同时间点贫困的变动情况，即用于分析不同截面数据多维贫困的变动，既可以是两个时期的比较分析，又可以扩展到多个时期的比较分析。在不同时期内贫困的变化可以用绝对速度和相对速度来代表，绝对速度是时期内贫困发生率的绝对差异，相对速度是时期内贫困发生率的变动情况，如果一个国家或地区初始的贫困发生率较高，在某一时期内的贫困变化会比初始贫困发生率低的国家更容易降低贫困发生率，但并不代表这个国家的减贫效率就高于另外一个国家。因此，绝对贫困变化率和相对贫困变化率是进行贫困比较的重要内容。所谓绝对变化率就是两个时期内贫困发生率的变动情况。用公式表示为：$\Delta M_0=M_0(X_{t_2})-M_0(X_{t_1})$。其中，$\Delta M_0$ 代表绝对变化率，t_1 代表第一期，t_2 代表第二期。需要注意的是，剥夺临界向量 $\boldsymbol{Z}$，权重 W，贫困临界值 K 等参数在每一期都是相同的。同理可得，贫困发生率 H 和平均剥夺得分 A 的绝对变动情况为 $\Delta H=H(X_{t_2})-H(X_{t_1})$、$\Delta A=A(X_{t_2})-A(X_{t_1})$。考虑到地区之间两个时期存在的差异，设定年均绝对变化率($\overline{\Delta}M_0$)。具体计算公式如下：

$$\overline{\Delta}M_0=\frac{M_0(X_{t_2})-M_0(X_{t_1})}{t_2-t_1} \tag{3-5}$$

而相对变化率是指相对于基期贫困发生率的变动情况。年相对变化率是在第一期和第二期之间的复合减少比率。具体公式表示为

$$\delta M_0=\frac{M_0(X_{t_2})-M_0(X_{t_1})}{M_0(X_{t_1})}\times 100 \tag{3-6}$$

$$\overline{\delta}M_0=\left[\left(\frac{M_0(X_{t_2})}{M_0(X_{t_1})}\right)^{\frac{1}{t_2-t_1}}-1\right]\times 100 \tag{3-7}$$

该指数优点是仍然可以进行子群分解，包括维度分解、人口分解、地区分解、不同收入水平分解等。通过分解发现，多维贫困指数总体的变化既取决于分组的变化，也取决于人口的占比情况。具体分解公式为

$$\Delta M_0=\sum_{l=1}^{M}\left[v^{1,t_2}M_0(X_{t_2}^l)-v^{1,t_1}M_0(X_{t_1}^l)\right] \tag{3-8}$$

进行多维贫困的时间和维度分解，可以更容易找到哪些群体陷入贫困，哪些群体摆脱贫困，也可以比较分析不同维度对贫困发生率和贫困程度的影响。假设个体

在两个时期可能的四种子情况是:一直非多维贫困(N)、一直多维贫困(O)、开始多维贫困现在退出贫困(E^-)、开始非贫困现在进入贫困(E^+)。那么,t_1 时期多维贫困情况为:$H(X_{t_1})=(n^O+n^{E^-})/n$,$t_2$ 时期多维贫困情况为 $H(X_{t_2})=(n^O+n^{E+})/n$,则多维贫困指数变动情况为 $\Delta H=H(X_{t_2})-H(X_{t_1})$,$\Delta M_0=\Delta M_0^O-\Delta M_0^{E^-}+\Delta M_0^{E+}$,表示不同子群变动导致多维贫困的动态变化。

鉴于动态多维贫困研究的实用性,国内学者在多维贫困跨期比较方面也进行了大量研究。周云波等(2020)对这一方法进行了客观的评价,认为该方法对政策分析贡献较大,可以清楚地知道贫困人口能否脱贫,贫困边缘户是否陷入贫困,找到贫困程度的改变原因并指导贫困人口脱贫。主要通过 AF 法得到不同年份的多维贫困情况,然后比较不同年份存在的绝对和相对变动(蒋翠侠等,2011;邹薇、方迎风,2011;邹薇、方迎风,2012;Yu,2013;张全红、周强,2015;张全红、周强,2018;葛岩等,2018;沈扬扬等,2018)。

当可以得到微观调查中的面板数据时,更有利于对贫困人口的识别。采用两分组法,将样本分为变动群体和不变群体,时间跨度仍然为两个时期,变动群体就是为两个时期内改变的贫困状态的净人群,用符号 ΔH 表示,不变群体是在两个时期均存在贫困的人群,加上新增加的贫困人口,也就是第二个时期中的 $H(X_{t2})$。如果只是考虑贫困发生率的变动,只需要确定E^- 和E^+ 占优分析。接下来使用变动群体和不变群体进行动态子群分解,具体公式如下:

$$\Delta M_0=\Delta H\times A^{\hat{E}}+H(x_{t2})\times\Delta A^{\hat{0}} \tag{3-9}$$

式中:$A^{\hat{E}}$ 表示贫困发生率的净变化,$\Delta A^{\hat{0}}$ 表示与持续贫困人口的程度变化。

3.1.4 长期多维贫困测算方法介绍

郭熙保、周强(2016)研究发现 AF 法中的“双界线法”是主要用来测算暂时多维贫困的方法,反映的是某个时点的截面数据贫困结果,不能反映一段时期内贫困个体的动态变动情况,更无法测算整个时期内个体贫困的平均持续时间。因此,他们提出了长期多维贫困指数法,将 AF 法和 Foster(2009)跨期持续时间法结合起来,在双临界值的基础上加入时间临界值,使用三临界值法进行测算。M_1^t 指数包含了在 T 时期贫困指数、发生率、程度和平均持续时间,其中平均贫困时间是长期多维贫困指数法与 AF 法的最大不同。

在进行长期多维贫困测算之前,首先给出静态多维贫困的式(3-10),该公式的含义与式(3-1)基本一致,具体公式为:

$$M_0^t(x_{ij}^t,w_j,z_j,k)=\frac{1}{n}\sum_{i=1}^{n}I(c_i^t\geqslant k)\sum_{j=1}^{d}w_jg_{ij}^t(z)=H_0^t\times A_0^t \tag{3-10}$$

式中:M_0^t 为 T 时期内多维贫困指数,是多维贫困发生率和贫困程度乘积;H_0^t

代表整个时期内多维贫困发生率，等于多维贫困人口除以总人口；A_0^t 代表整个时期内个体的贫困程度，即所有被识别的多维贫困个体中，平均贫困维度占维度加总后的比重。

引用 Foster(2009)的持续时间分析法，设定临界值为 τ，τ 为某个个体存在多维贫困的时间占 T 时期的比例，当 $\tau \leqslant t$ 时，代表该个体存在该临界值下的长期的多维贫困。推导出公式如下：

$$\begin{aligned} & M_0^c(x_{ij}^t, \tau, w_j, w_t, z_j, k) \\ & = \frac{1}{n}\sum_{i=1}^{n}\left[I\left(\sum_{t=1}^{T} w_t \cdot I(c_i^t \geqslant k) \geqslant \tau\right) \cdot \frac{1}{T}\sum_{t=1}^{T}\sum_{j=1}^{d} w_t w_j g_{ij}^t(z)\right] \\ & = \frac{1}{n}\sum_{i=1}^{n}\left[I\left(\sum_{t=1}^{T} w_t \cdot I(c_i^t \geqslant k) \geqslant \tau\right) \cdot \frac{1}{T}\sum_{t=1}^{T} w_t c_i^t\right] \\ & = H_0^c \times A_0^c \times D_0^c \end{aligned} \tag{3-11}$$

$$\begin{aligned} & H_0^c(x_{ij}^t, \tau, w_j, w_t, z_j, k) \\ & = \frac{1}{n}\sum_{i=1}^{n}\left[I\left(\sum_{t=1}^{T} w_t * I(c_i^t \geqslant k) \geqslant \tau\right)\right] \end{aligned} \tag{3-12}$$

式中：H_0^c 表示长期多维贫困发生率，是在 z、k 和 τ 等临界值下的贫困人口比重；A_0^c 表示平均贫困程度，贫困人口的贫困维度占所有维度之和的比重；D_0^c 表示贫困时间，长期多维贫困人口的贫困时期占整个时期 T 的比重，也就是在整个时期内的贫困时间。进一步分解后，推导出长期多维贫困的贡献度 β_j^c，公式如下：

$$\beta_j^c = \frac{\frac{1}{n}\sum_{i=1}^{n} I\left(\sum_{t=1}^{T} w_t \cdot I(c_t^i \geqslant k) \geqslant \tau\right) \cdot \frac{1}{T}\sum_{t=1}^{T} w_t c_i^t}{M_0^c} \tag{3-13}$$

式中：I 为识别是否多维贫困的函数；τ 为持续时间临界值。在 T 时期内，随着时间临界值的增加，长期多维贫困家庭比例在逐渐下降。当 $\tau=1$ 时，如果仍然存在贫困的家庭，说明家庭或个人正在遭受长期多维贫困，并且较难脱贫。

3.2　多维贫困指标体系

Sen(1976)提出了多维贫困的理论，成为后续进行多维贫困量化研究的基础，其提出贫困的剥夺不仅是收入指标还体现在很多其他指标的剥夺。UNDP 和 OPHI 在 2010 年公布的全球多维贫困指数(MPI)是目前比较公认的国际标准指标体系，该指数也充分考虑了《2030 年可持续发展议程》中的可持续发展目标(SDG)，而且这也是对 Sen 提出能力贫困理论的最好诠释。国内外学者在多维贫困指标选取上大多依据该指标体系(王小林、阿尔基尔,2009;冯怡琳、邸建亮,2017)。MPI 指标主要基于教育、健康和生活标准等维度,包含家庭成员学历、儿童辍学等近 10 个指标。表 3-1 所示为 UNDP 的多维贫困指标体系。该指标体系主要是由维度、指标、剥夺临界值和权重共同构成的,其中剥夺临界值是判断个体在该指标是否贫困的临界值。权重采取的是等权重法,即每个维度权重相等,每个维度中各指标权重相同。但不同指标的权重存在一定的差异,用来体现出各指标之间的相对重要性。

表 3-1 多维贫困指标体系及权重

维度	指标	剥夺临界值	权重
教育(1/3)	受教育年限	家庭中不在校成员接受教育年限不足五年或没有达到小学毕业文化水平为贫困,否则为非贫困	1/6
	儿童入学	家庭 7～15 岁的儿童辍学为贫困,否则为非贫困	1/6
健康(1/3)	儿童死亡率	家庭中至少一个儿童死亡为贫困,否则为非贫困	1/6
	营养	家庭中至少一个 70 岁以下成员营养不良为贫困,否则为非贫困	1/6
生活标准(1/3)	电力	家庭中不通电为贫困,否则为非贫困	1/18
	厕所	家庭成员使用公共厕所(无论室内或室外,水冲或旱厕)为贫困,否则为非贫困	1/18
	饮用水	家庭成员无法饮用安全饮用水为贫困,否则为非贫困	1/18
	炊事燃料	家庭以木柴作为厨房燃料为贫困,否则为非贫困	1/18
	地面材料	家庭以泥土或动物粪便为主要地面材料为贫困,否则为非贫困	1/18
	资产	家庭资产小于等于一个(电视、手机、电动自行车、冰箱)为贫困,否则为非贫困	1/18

数据来源:全球多维贫困指数报告。

已有研究文献中,大部分学者的研究是以 MPI 指标为依据,对选择健康、教育和生活水平等维度作为指标体系的核心达成了基本一致的意见。表 3-2 所示为已有研究选择的多维贫困指标汇总结果。可以发现,构建的一般多维贫困指标体系中健康、教育、生活标准等维度出现的频率较高(王小林、阿尔基尔,2009;郭熙保、周强,2016;沈扬扬等,2018)。但是也发现已有研究在测算中加

表 3-2 已有文献对多维贫困指标的构建

项目	发表情况	收入	健康	教育	生活标准	其他
一般标准	王小林、Alkire(2009)		儿童死亡率、营养	受教育年限、儿童入学	电力、厕所、饮用水	
	郭熙保、周强(2016)	人均收入	健康状况、医疗服务	人均受教育程度、子女入学情况	燃料、厕所、饮用水、住房	就业状态、正规就业
	沈扬扬等(2018)	收入、资产	健康状况、医疗占比	受教育年限、儿童入学	饮用水、住房面积等	失业情况、就业环境
老年人多维贫困	解垩(2017)	消费水平	健康(BMI)		住房保障	未来信心,生活满意度
	邓婷鹤等(2019)	人均收入	慢性病、医疗保险、功能性障碍	教育水平	饮用水、厕所、电力	生活满意度、抑郁、认知能力
	夏庆杰(2019)	收入	医疗保险	教育水平	住房保障、饮用水	

入适合我国国情的多维贫困指标，有效避免国外指标的“水土不服”。沈扬扬等(2018)以“两不愁、三保障”为核心，从教育、健康、居住条件、资产和收入、就业等5个维度构建了多维贫困指标体系，将收入放入到指标体系中。郭熙保、周强(2016)构建的长期多维贫困指数中也将健康、收入、生活标准作为核心指标。Alkire(2007)认为在选取维度的剥夺指标中需要不断补充新的指标，强调了安全感、幸福感、体面出门等维度的剥夺也是多维贫困的表现，都需要纳入多维贫困指标体系之中。指标体系主要包括以下几个维度：①就业维度，不仅要关心居民是否就业，还需要判断就业的好坏；②主体性维度，个人有自主追求的能力；③安全感维度，人们是否会受到威胁自身安全的问题；④体面维度，强调人在生活中的尊严和体面；⑤主观福祉维度，强调生活满意程度和幸福感的重要性。

笔者进一步整理了已有文献构建的老年多维贫困指标。从表3-2中可以发现，老年人多维贫困指标和一般多维贫困指标有一定的区别。老年人多维贫困指标需要符合老年人的需求，更加重视老年人在收入、健康和主观心理等指标的剥夺情况。健康维度主要分为客观和主观，健康维度选取的客观指标是自我汇报的身体健康状况、医疗保险等。健康维度的主观指标中，生活满意度和幸福感的使用率最高。解垩(2015)构建了老年人消费、健康和未来信心等指标，测算了老年人多维贫困情况，在2017年又进一步增加住房保障、生活满意度指标。张昭、杨澄宇(2020)发现教育和就业是老年人多维贫困贡献率最大的指标。

然而，学者在指标的选取和多维贫困体系的构建中仍然存在一些争议，例如，收入是否可以加入多维贫困指标体系，教育是否应该纳入老年人多维贫困指标体系等。有的学者认为收入与多维贫困中的健康、教育和生活水平存在一定的相关性。但冯贺霞(2015)进行了收入贫困与多维贫困的比较分析后，认为收入对多维贫困其他指标的影响较小，可以加入指标体系之中。笔者认为指标体系的选取需要根据不同国家或地区的实际情况进行选择，选择的指标应该尽可能地反映人们的发展能力，而且当研究对象不同时，制定的指标体系会有所区别，不同的国家或地区和研究方法，也会对选取的指标体系产生影响。为了指标体系的科学性，本书对不同情况下的多维贫困指数的稳健性检验进行讨论。

指标体系中另一个争议来自指标权重的界定，这也是一些学者对AF法提出质疑的原因。权重的大小代表该指标在多维贫困指数中的重要性，权重的设定会对测算结果有重要影响。由于指标选取时存在主观性，目前学者们对权重的设定尚未达成一致意见。目前大部分学者使用的是等权重法，并对该方法的可靠性进行了验证(Alkire and Foster,2011;邹薇、方迎风,2011;郭熙保、周强,2016;沈扬扬等,2018;周云波、贺坤,2020)。

3.3 数据来源情况介绍

3.3.1 中国家庭收入调查数据(CHIP)

本书主要使用两个微观数据,分别是中国家庭收入调查数据(CHIP)和中国家庭追踪调查数据(CFPS)。CHIP 是来自北京师范大学中国收入分配研究院的微观数据。1988—2020 年已经进行了六次调查,分别获取了 1988 年、1995 年、2002 年、2007 年、2013 年和 2018 年的家庭收支和其他信息。主要优点是:覆盖全国大部分省份(至少 15 个省份),涉及东部、中部、西部等地区;与国家统计局合作完成的对全国住户的抽样调查,样本具有代表性和可靠性;除了调查住户的收支信息外,还调查个人和家庭的基本信息。本书选取了 2013 年、2018 年的中国家庭收入调查数据(简称 CHIP 2013、CHIP 2018)。其中,2013 年样本涉及 14 个省份,200 多个县,包含家庭样本 18 948 个,个体样本 64 777 个;2018 年的家庭样本 20 450 个,个体样本 70 490 个。该数据具有样本量大、代表性强、周期长、准确性高等优势。

3.3.2 中国家庭追踪调查数据(CFPS)

CFPS 是来自北京大学中国社会科学调查中心的家庭追踪调查数据。截至 2020 年,该调查已经进行了五次,以 2010 年为基线调查,基线调查确定的家庭成员被作为永久的调查对象,之后追踪获取了 2012 年、2014 年、2016 年和 2018 年的数据。该数据是一项全国性的社会调查项目,主要追踪了社区、家庭和个人的多个维度数据,涉及经济、文化、就业等各个方面。本书选取了 2010—2018 年的 CFPS 数据(简称 CFPS 2010、CFPS 2012、CFPS 2014、CFPS 2016、CFPS 2018)。其中 2010—2018 年的家庭样本分别为 14 797 个、13 315 个、13 946 个、14 763 个、14 000 个,个体样本分别为 42 590 个、53 759 个、55 600 个、45 319 个、44 000 个。该数据最大的优势是可以对基期样本进行追踪调查,得到实证分析中需要的面板数据。CFPS 2018 家庭层面截面数据完成访问率为 69.3%,追踪比率为 86.6%,个人样本的应答率为 67.4%,追踪比率为 80.8%。如果只关注基线基因成员,2018 年的完成访问的比率为 64.5%,这与世界其他微观追踪数据相比，完成率比较高。整体来说，CFPS实施的共五期微观调查数据具有样本量大、覆盖范围广、内容全面、追踪效果好等优势，适用于我国老年人长期多维贫困的面板实证研究。

3.3.3 其他数据库

本书还使用了联合国开发署（UNDP）和牛津贫困与发展研究中心（OPHI）的历年全球多维贫困指数数据。该报告2010—2020年共计发布了10次。到2020年，该数据库覆盖全球107个国家和地区的59亿人口，包含各种收入层次的国家。该数据库对世界各国尤其是发展中国家的多维贫困情况进行汇总，对2010—2020年各国多维贫困指数、贫困发生率和贫困程度，以及根据城乡、年龄、地区等特征进行分组，对多维贫困进行了全面的分析和比较。

3.4 本章小结

本章主要分为三个部分：首先是多维贫困指数的测算方法介绍，其次是多维贫困指标体系的构建，最后是本书使用的数据介绍。目前已经有多种方法对多维贫困进行测算，通过对多维贫困测算方法的总结和整理，发现AF法对测算多维贫困具有比较优势。在截面分析中，大多数学者使用的Alkire和Foster（2007）提出的AF法，该方法可以给出多维贫困指数、贫困发生率、贫困程度，同时可以按地区、年龄、收入等特征进行分组，也可以测算各维度的贫困发生率和贡献率，为多维减贫提供方向。在长期贫困分析中，一般将AF法与Foster（2009）的持续时间法相结合，可以测算出长期多维贫困指数。从AF法到长期多维贫困指数法，也就是将判定多维贫困的标准从“双临界值”扩展到“三临界值”，既可以得到长期多维贫困指数、贫困发生率、贫困程度，又可以得到贫困个体的平均持续时间。目前，学者对多维贫困测算法的分歧主要在于维度的选择和权重标准的设定，为了验证结果的合理性和准确性，常用的做法是对指标选择进行相关性和稳健性检验（沈扬扬等，2018）。多维贫困指标体系的构建中也需要注意指标选取和权重的设定，已有研究中UNDP的MPI指数是目前国际公认的衡量多维贫困的指标体系，但进行各国的多维贫困测算时，要立足本国的国情，选取的维度应该满足本国居民的生活需求。

本书主要使用的是CHIP和CFPS数据，两个数据库各有优势。CHIP数据的比较优势是：收入分配研究院与国家统计局合作，对住户收入的调查比较准确和详细，样本代表性好；问卷的核心变量改动较小，可以用来进行截面的动态比较。CHIP 数据的比较优势是有 2010—2018 年共五期的调查追踪数据，可以用来追踪个体是否处于长期贫困状态，有利于老年人等边缘户易贫进入或退出贫困行为的动态监测。

第4章　我国分特征组多维贫困现状分析

本章将老年人多维贫困情况与其他群体进行比较，论证了老年人多维贫困研究的必要性和紧迫性。已有研究发现，老年人在贫困人口中占比较高，属于贫困脆弱型和贫困边缘人口，更容易受到外在不利因素冲击而陷入贫困。已有研究发现，年龄与多维贫困显著相关，老年人由于劳动能力不足、健康状况下降等而陷入多维贫困可能性更高。本章按年龄进行分组，测算各年龄组多维贫困状况，并将该结果与其他国家年龄分组进行比较，发现老年人多维贫困在大多数国家都非常严重，说明该问题存在普遍性。同时，由于老年人受到教育水平、地区差异、收入水平等因素的制约，对以上特征进行分组发现受教育水平低、西部地区、低收入的老年人更容易存在多维贫困。

4.1　数据来源和维度选择

4.1.1　数据来源和处理

进一步对 CHIP 2013、CHIP 2018 数据进行处理，最终样本选取结果见表 4-1。从农村来看，2013 年和 2018 年农村家庭样本量分别为 9 970 户和 9 071 户，个体样本分别为 35 200 人和 33 258 人。从性别来看，2013 年男性为 18 334 人，女性为 16 866 人，2018 年男性为 17 344 人，女性为 15 914 人，男女比例均为 1.09∶1，性别结构比较稳定。从年龄构成来看，儿童和老年人口的占比逐渐提高，中年人口占比下降。2013 年农村儿童、成人和老人的占比分别为 13.12%、70.58%、16.03%，2018 年农村儿童、成人和老人的占比分别为 15.27%、

64.92%、19.82%。从城镇来看，2013 年和 2018 年选取的城镇个体样本分别为 18 378 人和 35 939 人。从性别来看，2013 年男性为 9 149 人，女性为 9 228 人，2018 年男性为 18 018 人，女性为 17 921 人，男女比例均为 1.01∶1，性别结构比较稳定。从年龄构成来看，儿童、老年人口占比逐渐提高，中年人口占比下降。2013 年城镇儿童、成人和老人的占比分别为 13.37%、69.03%、16.03%，2018 年城镇儿童、成人和老人的占比分别为 18.02%、65.86%、17.61%。具体结果见表 4-1。

表 4-1　CHIP 2013、CHIP 2018 数据的样本统计　　人

主要构成	农村		城镇	
	2013 年	2018 年	2013 年	2018 年
样本人数	35 200	33 258	18 378	35 939
男性	18 334	17 344	9 149	18 018
女性	16 866	15 914	9 228	17 921
儿童	4 619	5 077	2 457	6 476
成人	24 938	21 590	12 686	23 671
老人	5 643	6 591	3 237	5 792

数据来源：根据 CHIP 2013、CHIP 2018 测算得出。

4.1.2　多维贫困指标体系构建和权重设定

国内外学者在选择多维贫困维度和构建指标体系时，大多依据 UNDP 的多维贫困指标体系（MPI）（王小林、阿尔基尔，2009；冯怡琳、邸建亮，2017）。本书基于指标的科学性和可靠性，以及与其他各国的可比性的考虑，在全国、农村和城镇多维贫困现状测算中也主要依据该指标体系。需要说明的是，考虑到数据可得性和我国的实际情况，选取的健康维度的指标结构与 MPI 指标体系中的健康指标略有差异①，但进行稳健性检验时发现这一改变并不影响最终结果。本部分多维贫困指标体系的构成包括三个维度：教育、健康和生活标准。具体指标的体系构建和权重设定见表 4-2。

教育水平是衡量居民人力资本水平的重要指标，体现了人的发展能力。在教育维度选取时，本书与 MPI 指标中的教育标准保持一致，选取了家庭成员中成人受教育年限和适龄儿童的辍学情况两个变量。这两个变量可以体现家庭成员的教育水平和教育机会，教育指标的剥夺不仅关系到家庭的教育贫困现

① 在 CHIP 数据中没有获得儿童死亡率的数据，因此使用汇报的自我健康状况来代替健康状况。

状，还涉及教育贫困的代际转移问题。

表 4-2　多维贫困指标体系的构建和权重的设定

维度	指标	剥夺临界值	权重
教育(1/3)	受教育年限	家庭中不在校成员接受教育年限不足五年或没有达到小学毕业文化水平为 1，否则为 0	1/6
	儿童辍学	家庭有 7～15 岁之间的学龄儿童失学为 1，否则为 0	1/6
健康(1/3)	健康状况	家庭任何成员健康程度大于 3 为 1，否则为 0	1/6
	医疗保险	家庭任何成员均没有医疗保险为 1，否则为 0	1/6
生活标准(1/3)	通电	家庭中不通电为 1，否则为 0	1/18
	厕所	家庭成员使用公共厕所为 1，否则为 0	1/18
	饮用水	家庭成员无法饮用安全饮用水为 1，否则为 0	1/18
	炊用燃料	家庭以木柴作为厨房燃料为 1，否则为 0	1/18
	住房	家庭人均住房面积小于 12 m^2 为 1，否则为 0	1/18
	资产	家庭没有车且只拥有少于一样资产（电视、手机、自行车和冰箱等）为 1，否则为 0	1/18

注：剥夺临界值中 1 代表贫困，0 代表非贫困；各指标的相关性会影响多维贫困指数的加总，本书同时使用皮尔逊检验和克雷默检验对指标的相关性进行检验，未发现各指标之间存在明显相关性。

表 4-2 中的健康维度是衡量居民福利水平和生活水平的重要指标。我国实施的“健康中国”战略也将居民的健康问题放在重要位置。根据 CHIP 2013、CHIP 2018 数据测算结果显示，2013 年我国因健康问题而不能工作的农村居民占比为 1.28%，而 2018 年达 5.22%。另外，居民的健康问题还可能会影响其工作生活。因此，本书将健康作为重要的维度，并充分考虑我国的实际情况，最终选取的健康维度变量为家庭成员健康状况和医疗保险参保情况。

生活标准维度主要依据 UNDP 选取的部分指标，包含人类得以生存的基本需求，如水、电、厕所、炊用燃料、住房、资产等指标。在住房指标中，选取的是家庭人均住房面积低于 12 m^2 作为住房贫困的标准，这一剥夺临界值的选取来自郭熙保、周强（2016）的研究成果。资产变量是指家庭中是否拥有一项资产，如果一个家庭甚至连一部手机、一辆自行车等最低标准的生产或生活工具都没有，可以被认定为存在资产的剥夺。

权重的大小代表该指标在多维贫困指数中的重要性，权重的设定显然会影响测算结果。由于存在主观性，目前学者们对权重的设定尚未达成一致的意见。目前大部分学者使用的是等权重法，并对该方法的可靠性进行了验证

(Alkire 和 Foster,2011;邹薇、方迎风,2011;郭熙保、周强,2016;沈扬扬等,2018;解垩,2015;周云波、贺坤,2020)。本章设定教育、健康和生活标准等三个维度的权重均为 1/3,各指标权重在该维度内部是相同的。为了证明权重设定的合理性,下面将在多维贫困稳健性检验中给出不同权重下的多维贫困指数和贫困发生率情况。

4.2　我国多维贫困情况

4.2.1　多维贫困测算结果

本部分使用 AF 法测得我国整体、城镇和农村的多维贫困指数(M_0)、多维贫困发生率(H_0)和平均剥夺份额(A_0)。其中,多维贫困指数是加权得分向量均值,该值越大,说明多维贫困情况越严重;多维贫困发生率是多维贫困人口占总人口的比重,该指标能最直观地体现多维贫困数量;平均剥夺份额是指被识别出的贫困人口中,个体剥夺维度占总剥夺维度的比重,体现多维贫困程度。K 代表最低贫困剥夺得分临界值,简称 K 值,随着 K 值的变化,多维贫困情况也会发生变动,即 K 值越大,多维贫困指数越小,贫困发生率越低。按照已有研究标准,本书选取 $K=30\%$和 $K=40\%$作为临界值进行多维贫困测算。根据表 4-3 可以看出在不同临界值 K 下的我国多维贫困变动情况。当 $K=30\%$时,与 2013 年相比,我国 2018 年整体的多维贫困问题明显改善,多维贫困指数从 2013 年的 0.031 1 下降为 2018 年的 0.007 9,贫困发生率从 2013 年的 8.06%下降为 2018 年的 2.19%,平均剥夺份额从 2013 年的 38.56%下降为 2018 年的 35.81%。从农村来看,多维贫困指数从 2013 年的 0.043 0 减少到 2018 年的 0.016 5,下降 0.026 5,发生率从 2013 年的 10.92%减少到 2018 年的 4.59%,下降 6.33 个百分点。从城镇来看,目前城镇多维贫困发生率很低,2018 年仅为 0.29%,但是其贫困程度仍然有 35.48%,与 2013 年相比没有显著变化,说明城镇中仍然存在极少数的深度贫困人口。从整体来看,我国的多维贫困状况有所改善,贫困发生率下降明显,但农村的多维贫困情况比城镇严重得多。政府应减少农村居民和少数城镇居民的基本生活指标剥夺,提高这部分群体的福利水平。

表 4-3 2013 年和 2018 年全国和城乡多维贫困情况

K 值	多维贫困	全国		农村		城镇	
		2013 年	2018 年	2013 年	2018 年	2013 年	2018 年
30%	M_0	0.031 1	0.007 9	0.043 0	0.016 5	0.014 5	0.001 0
	H_0	0.080 6	0.021 9	0.109 2	0.045 9	0.041 0	0.002 9
	A_0	0.385 6	0.358 1	0.393 8	0.359 1	0.356 2	0.354 8
40%	M_0	0.010 2	0.002 1	0.016 2	0.004 7	0.001 5	0.000 1
	H_0	0.021 6	0.004 8	0.034 7	0.010 8	0.009 2	0.000 3
	A_0	0.473 1	0.432 4	0.468 6	0.432 8	0.512 3	0.430 6

数据来源:根据 CHIP 2013、CHIP 2018 测算得出。

当表 4-3 中的 $K=40\%$时,我国的多维贫困指数、贫困发生率显著减小,但平均剥夺份额有稍微增加。随着 K 值的不断增加,多维贫困指数和发生率逐渐下降,最终发现多维贫困指数和贫困发生率将下降为 0。K 值的变动必然导致多维贫困指数的变动,下一节将对 K 值的变动与多维贫困指数关系进行检验。

贡献度是指每个指标对整体多维贫困指数的贡献程度,贡献度越大,说明该指标对多维贫困指数的影响越大。表 4-4 所示为 2013 年和 2018 年全国、农村和城镇的各指标贡献度的结果及其变动情况,这里的临界值 $K=30\%$。结果表明,多维贫困贡献程度最高的指标是家庭成员的健康状况,无论农村还是城镇均超过 30%,健康问题会显著增加居民多维贫困;而家庭通电指标对多维贫困指数的贡献程度最低,到 2018 年,农村和城镇通电指标对多维贫困指数的贡献程度为 0。表 4-4 所示为农村和城镇不同指标的贡献度及其变动情况。首先,从农村来看,健康状况、受教育年限等指标的贡献度在逐渐下降,但下降幅度较小;炊用燃料对多维贫困指数的贡献度逐渐提高,其他指标的贡献度均处于较低水平。从城镇来看,目前对多维贫困指数贡献度最大的是健康状况指标,2018 年城镇的贡献度为 30.96%,其次是受教育年限和医疗保险指标,其他指标对多维贫困指数的贡献度较小。总之,2013—2018 年各指标对多维贫困指数的贡献度明显发生变化,但贡献度的增加并不代表贫困水平的提高,只是反映了不同指标在多维贫困指数中的重要性,为政府帮助人们摆脱多维贫困提供依据。

表 4-4 不同指标对多维贫困指数的贡献度 %

指标	全国		农村		城镇	
	2013 年	2018 年	2013 年	2018 年	2013 年	2018 年
受教育年限	36.81	32.26	38.35	32.47	30.71	28.83
儿童辍学	1.03	1.17	0.79	0.92	1.49	4.27
健康状况	37.36	32.88	36.82	32.97	40.38	30.96
医疗保险	8.93	5.06	5.31	4.02	24.57	18.15
住房	0.81	2.60	0.85	2.57	0.56	6.41
饮用水	4.75	5.25	5.65	5.47	0.74	2.14
厕所	0.74	1.25	0.77	1.23	0.50	1.42
炊用燃料	6.88	18.91	8.32	19.75	0.56	7.12
资产	2.62	0.62	3.07	0.61	0.43	0.71
通电	0.07	0	0.08	0	0.06	0

数据来源：根据 CHIP 2013、CHIP 2018 测算得出。

4.2.2 分特征组的多维贫困指数分解

1. 按地区分组

根据国家规定的地区划分标准，本书将调查数据中的 15 个省份按东部、中部、西部地区分组，测算了不同地区的多维贫困及变动情况，其中临界值 $K=30\%$。同时，给出了 CHIP 2013、CHIP 2018 数据中各地区的人口占比情况。在实际测算中，通过加入地区和城乡权重对实际人口比例进行调整，使得结果更具有代表性。表 4-5 为按地区分组的多维贫困测算结果及变动情况。从农村来看，2013 年，西部地区的多维贫困情况比东部地区严重。东部、中部、西部地区的多维贫困指数分别为 0.023 4、0.042 0、0.067 0，西部地区的多维贫困指数是东部的近 3 倍；东部、中部、西部比较来看，东部贫困发生率最低，中部其次，西部最高，东部、中部、西部地区的贫困发生率分别为 6.09%、10.68%、17.55%；东部地区的贫困程度也比其他两个地区低一些。从城镇多维贫困情况来看，东部、中部、西部地区之间的差距比农村小，多维贫困指数分别为 0.011 0、0.013 8、0.021 7，贫困发生率分别为 3.14%(0.031 4)、3.94%(0.039 4)、6.09%(0.060 9)，可以看出城镇居民中，我国中部城镇居民的贫困状况基本与东部接近，只有西部城镇比较严重。与 2013 年相比，2018 年东部、中部、西部地区的农村和城镇多维贫困指数均有明显下降。需要注意的是，虽然西部农村地区的多维贫困指数和贫困程度下降明显，但贫困发生率比 2013 年高近 1 个百分点。2018 年东部、中部、西部城镇地区的多维贫困问题已经基本解决。

表 4-5 按地区分组的多维贫困情况

年份	多维贫困	农村			城镇		
		东部	中部	西部	东部	中部	西部
2013	人口比例	33.05%	39.43%	27.52%	42.18%	34.77%	23.04%
	M_0	0.023 4	0.042 0	0.067 0	0.011 0	0.013 8	0.021 7
	H_0	0.060 9	0.106 8	0.083 2	0.031 4	0.039 4	0.060 9
	A_0	0.383 5	0.393 3	0.398 8	0.351 6	0.349 7	0.356 3
2018	人口比例	29.56%	38.75%	31.69%	42.26%	33.00%	24.74%
	M_0	0.006 7	0.013 4	0.030 3	0.001 2	0.000 9	0.000 8
	H_0	0.019 5	0.037 6	0.175 5	0.003 5	0.002 7	0.002 1
	A_0	0.345 6	0.355 6	0.364 3	0.348 0	0.354 2	0.375 0

数据来源：根据 CHIP 2013、CHIP 2018 测算得出。

2. 按户主年龄分组

已有研究发现，儿童和老年人的多维贫困比中年人更为严重（解垩，2015；葛岩等，2018）。本部分按户主年龄分组，测算各年龄组的多维贫困情况，表 4-6 所示为临界值 $K=30\%$ 的测算结果。可以发现，户主为老年人的多维贫困指数和多维贫困发生率均高于中年人，他们存在严重的多维贫困，这也解释了我国迫切需要对老年人多维贫困进行研究的原因。

从表 4-6 可以看出，2013 年农村和城镇老年人多维贫困指数分别为 0.072 0、0.025 0，而农村和城镇中年人多维贫困指数分别为 0.032 8、0.011 1。对比发现，无论农村还是城镇，老年人的多维贫困指数都是中年人的 2 倍多，农村老年人的多维贫困指数是城镇老年人的 2.88 倍，贫困发生率是城镇老年人的 2.59 倍，也就是说，老年人多维贫困存在明显的城乡差距。2018 年城乡老年人的多维贫困差距进一步扩大，农村老年人的贫困发生率仍达到 6.26%，城镇老年人多维贫困发生率仅为 0.5%。综上可知，老年人尤其是农村老年人存在严重的多维贫困，他们由于劳动能力的缺失、收入稳定性不足等，在多维贫困减贫过程中需要政府更多的帮扶，这也是预防贫困脆弱人口返贫，进一步巩固我国脱贫攻坚成果的要求。城镇老年人的多维贫困指数较低，但结果是以本章的多维贫困指标体系测算出来的，本书将在后面章节构建适合老年人多维贫困指标体系，继续对城乡老年人多维贫困的差异进行分析。

表 4-6　按户主年龄分组的多维贫困情况

年份	多维贫困	农村		城镇	
		中年	老年	中年	老年
2013	人口比例	74.00%	26.00%	75.57%	24.43%
	M_0	0.032 8	0.072 0	0.011 1	0.025 0
	H_0	0.083 8	0.181 4	0.031 6	0.070 0
	A_0	0.391 5	0.396 8	0.349 8	0.356 4
2018	人口比例	67.41%	32.59%	77.42%	22.58%
	M_0	0.013 8	0.022 1	0.000 8	0.001 8
	H_0	0.037 8	0.062 6	0.002 2	0.005 0
	A_0	0.364 2	0.352 7	0.350 0	0.362 2

数据来源：根据 CHIP 2013、CHIP 2018 测算得出。

3. 按受教育程度分组

教育作为一种人力资本，不仅可以提高个体的稳定持续收入能力，还可以促进人的全面高素质发展。同时，教育也是解决贫困人口代际贫困问题的重要途径。表 4-7 所示为不同受教育程度的多维贫困情况，其中临界值 $K=30\%$。研究发现，当居民受教育程度提高时，多维贫困指数和发生率逐渐减小。

如表 4-7 所示，随着受教育程度的提高，多维贫困指数和贫困发生率减小，多维贫困程度减轻。从农村来看，2013 年未上过学的农村居民多维贫困指数和贫困发生率最高，分别为 0.162 9、40.79%；大专及以上的农村居民多维贫困指数和贫困发生率最低，分别为 0.010 0、2.70%。2018 年各教育层次的多维贫困指数和贫困发生率下降明显，这也是我国不断提高农村教育投入和加强教育基础设施建设取得的成果。从城镇来看，2013 年未上过学的城镇居民的贫困指数和贫困发生率最高，分别为 0.148 6、41.03%。与农村相比，虽然贫困发生率略高，但多维贫困程度比农村低 3.71 个百分点。随着受教育程度的提升，城镇多维贫困下降更快，2018 年大专及以上的多维贫困指数仅为 0.000 1，贫困发生率仅为 0.03%。

4. 按收入分组

使用收入等分组法测算不同收入水平的居民多维贫困状况。表 4-8 所示为 2013 年和 2018 年按收入分组后的多维贫困指数、贫困发生率和贫困程度的结果，其中临界值 $K=30\%$。从整体来看，收入水平越高的居民，多维贫困指数越低，贫困发生率越低，贫困程度越小。从城乡分别来看，无论是 2013 年还是 2018 年，农村居民在各收入水平的多维贫困指数和贫困发生率都要远高于城镇居民。

表 4-7　按受教育程度分组的多维贫困情况

年份	受教育程度	农村			城镇		
		M_0	H_0	A_0	M_0	H_0	A_0
2013	未上过学	0.162 9	0.407 9	0.399 4	0.148 6	0.410 3	0.362 3
	小学	0.050 6	0.127 5	0.396 9	0.024 9	0.071 3	0.349 4
	初中	0.025 6	0.065 8	0.389 8	0.015 0	0.042 2	0.356 1
	高中	0.027 4	0.072 9	0.375 7	0.010 3	0.029 8	0.345 7
	大专及以上	0.010 0	0.027 0	0.370 4	0.005 6	0.016 2	0.344 8
2018	未上过学	0.072 6	0.199 4	0.363 9	0.016 1	0.041 4	0.388 9
	小学	0.020 4	0.056 8	0.358 9	0.001 8	0.005 0	0.354 2
	初中	0.012 4	0.034 5	0.359 5	0.001 4	0.004 1	0.343 8
	高中	0.008 6	0.024 7	0.348 2	0.000 5	0.001 4	0.354 2
	大专及以上	0.003 7	0.011 2	0.333 3	0.000 1	0.000 3	0.333 3

数据来源：根据 CHIP 2013、CHIP 2018 测算得出。

表 4-8　按收入五等分组的多维贫困情况

年份	收入水平	农村			城镇		
		M_0	H_0	A_0	M_0	H_0	A_0
2013	低收入	0.079 0	0.197 6	0.404 4	0.032 7	0.091 1	0.358 9
	中低收入	0.054 9	0.137 9	0.397 9	0.019 6	0.056 5	0.346 8
	中等收入	0.038 5	0.098 8	0.389 7	0.011 3	0.032 3	0.351 4
	中高收入	0.027 8	0.073 5	0.377 8	0.005 3	0.015 3	0.348 0
	高收入	0.013 9	0.038 0	0.365 2	0.003 3	0.009 7	0.338 0
2018	低收入	0.032 6	0.088 2	0.369 5	0.002 3	0.006 6	0.3556
	中低收入	0.024 9	0.069 5	0.358 5	0.001 6	0.004 4	0.362 5
	中等收入	0.013 2	0.037 5	0.351 1	0.000 6	0.001 8	0.343 8
	中高收入	0.007 8	0.022 6	0.343 5	0.000 4	0.001 3	0.333 3
	高收入	0.003 9	0.011 6	0.399 3	0.000 2	0.000 4	0.375 0

数据来源：根据 CHIP 2013、CHIP 2018 测算得出。

4.2.3　收入贫困与多维贫困的比较

收入贫困是满足人们最基本需求的标准，而多维贫困体现的是人的基本能力，收入贫困和多维贫困既有区别又有联系。已有研究发现，两种贫困的覆盖率、重合度不同会导致对贫困人口的瞄准性也不同（冯贺霞等，2015；周云波、贺坤，2020）。冯贺霞等（2015）测算发现收入贫困与多维贫困的重合率仅为30.62%。侯亚景、周云波（2017）发现收入贫困和多维贫困的既存在关联性又存在不重叠性，收入贫困和多维贫困的致贫因素也有差异。李博等(2020)将两者关系从静态比较扩展到动态比较，研究发现，收入贫困和多维贫困存在严重偏离，2010—2014 年同时存在收入贫困和多维贫困的家庭占比不到 20%。表 4-9 所示为收入贫困与多维贫困覆盖率情况。设计出四种可能：收入和多维均贫困、收入贫困多维非贫困、收入非贫困多维贫困、收入和多维均非贫困。

表 4-9 收入贫困与多维贫困覆盖率情况 %

贫困类型	2013 年			2018 年		
	多维贫困	多维非贫困	合计	多维贫困	多维非贫困	合计
收入贫困	2.04	5.34	7.38	0.79	5.56	6.35
收入非贫困	12.25	80.37	92.62	5.66	87.99	93.65
合计	14.29	85.71	100.00	6.45	93.55	100.00

数据来源：根据 CHIP 2013、CHIP 2018 测算得出。

如表 4-9 所示，2013 年，我国收入贫困和多维贫困同时存在的占 2.04%，同时不存在贫困的占 80.37%，有 12.25%的居民存在收入非贫困而多维贫困，有 5.34%的居民存在收入贫困而多维非贫困。2018 年，收入贫困和多维贫困同时存在的占 0.79%，同时不存在贫困的占 87.99%，有 5.66%的居民存在收入非贫困而多维贫困，有 5.56%的居民存在收入贫困而多维非贫困。对比发现，我国的收入贫困和多维贫困的覆盖率发生改变，收入和多维均贫困的覆盖率从 2.04%下降到 0.79%，同时识别出不存在贫困的覆盖率从 80.37%上升到 87.99%，提高 7.62 个百分点。收入非贫困而多维贫困覆盖率下降 6.59 个百分点，其主要原因是 2013—2018 年我国两种贫困的发生率均在下降，贫困的瞄准性提高。

4.3 稳健性检验

鉴于多维贫困在制定指标体系和权重的设定中存在一定的主观性，需要对测算结果进行稳健性检验(Alkire and Santos，2013；郭建宇、吴国宝，2012；沈扬扬等，2018)。虽然本研究已经通过相关性分析对所选指标体系进行了检验，但为了进一步验证测算结果的稳定性和真实性，笔者借鉴已有研究方法，采取改变临界值 K、更换指标或增减指标等方法对多维贫困指数进行稳健性检验。

4.3.1 取不同 *K* 值的多维贫困指数检验

第一个稳健性检验是通过 *K* 值的变化观察多维贫困指数的变动情况，如果结果稳健，则随着 *K* 值的增加，多维贫困指数应该逐渐下降。图 4-1 所示为 2013 年和 2018 年全国、城镇、农村在不同 *K* 值下的多维贫困指数，以及不同 *K* 值下 2013 年和 2018 年城镇、农村居民的多维贫困指数的变动情况。如图 4-1 所示，(a)是 2013 年全国、城镇、农村居民多维贫困对比情况；(b)是 2018 年全国、城镇、农村居民多维贫困对比情况；(c)是 2013、2018 年农村居民多维贫困变动情况；(d)是 2013、2018 年城镇居民多维贫困变动情况。

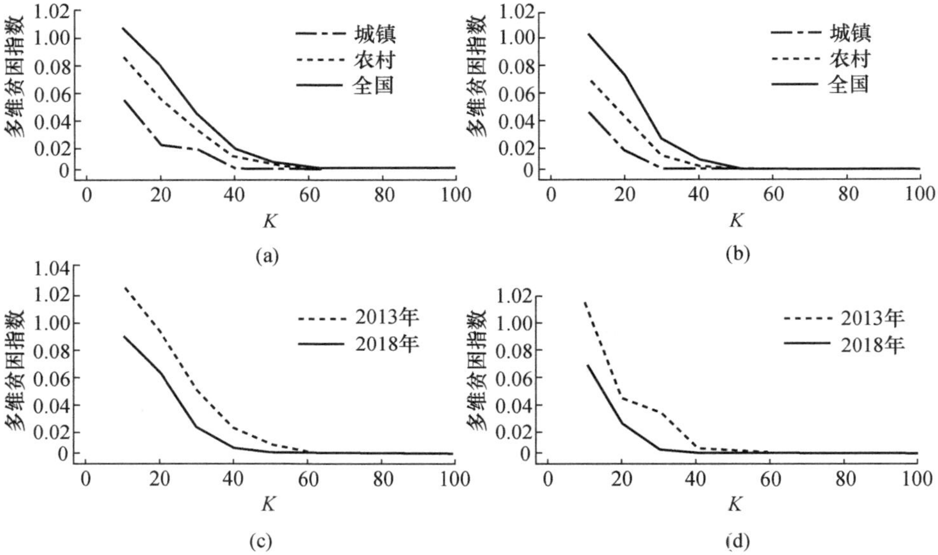

图 4-1　2013 年和 2018 年不同 *K* 值下的全国、城镇、农村的多维贫困变动情况

从图 4-1 中可以得出两点：一是 2013—2018 年我国整体、农村和城镇的多维贫困指数均明显下降，但农村的多维贫困状况均比全国和城镇严重；二是随着 *K* 值的增加，无论是全国还是城乡多维贫困指数均逐渐减小。2013 年，当 *K* ＝60％时，全国和城乡的多维贫困指数为 0；2018 年，当 *K* ＝50％时，全国和城乡的多维贫困指数为 0，前面的假设得到验证。由于 2013—2018 年的最低贫困剥夺临界值 *K*（剥夺的指标）减少，说明同时发生贫困的指标数在下降，我国多维贫困深度问题得到改善。

4.3.2 增减指标的稳健性检验

第二个稳健性检验是指标选取的稳定性和合理性检验，通过指标增减可以测算多维贫困指数和贫困发生率的变动情况，进而分析这种调整是否对主要测算结果有影响，共设计了三种方案。

方案一：增加收入和幸福感指标，观察多维贫困变动情况。国内外很多研究认为，收入剥夺应该作为衡量多维贫困的重要指标（郭熙保、周强，2016）。另外，越来越多的学者认为贫困不仅是物质上、生理上的剥夺，精神上的剥夺也是多维贫困的重要指标，主要包括生活满意度和幸福感（解垩，2017）。因此，本方案将测算增加收入、幸福感指标后多维贫困的变动情况。

方案二：减少贡献度最高的家庭成年人受教育指标，观察多维贫困变动情况。沈扬扬等（2015）年采用了直接删除贡献度最高和最低指标方法，发现删除贡献度最高指标后，多维贫困指数和贫困发生率明显下降。由于删除贡献度最低指标对多维贫困结果的影响较小，本方案只采取删除贡献度最高指标的方法。

方案三：不同学者对住房面积的贫困界定存在差异，而住房是人们生活水平的重要标准。本方案将人均住房面积贫困的界定阈值从 12 m^2 改为 9 m^2（沈扬扬等，2018），观察多维贫困变动情况。以上方案的检验结果见表 4-10。

表 4-10 2013 年增减指标的多维贫困稳健性检验

项目	原始	方案一	方案二	方案三
M_0	0.043 0	0.048 7	0.025 0	0.042 2
H_0	0.109 2	0.126 4	0.069 5	0.107 5
A_0	0.393 8	0.385 1	0.359 0	0.392 8

注：由于农村多维贫困情况更严重，使用 2013 年农村数据进行增减指标的稳健性检验。

数据来源：根据 CHIP 2013 测算得出。

表 4-10 给出了三种方案的测算结果。从方案一的结果来看，通过增加收入和幸福感指标，多维贫困指数从 0.043 0 上升到 0.048 7，贫困发生率从 10.92%上升到 12.64%。从方案二的结果来看，减少贡献度最大的教育指标，多维贫困指数下降幅度较大，主要原因是删除对多维贫困贡献度最大的指标后，个体受到剥夺得分减少，可以识别的贫困个体减少，贫困发生率大幅度下降（从 10.92%下降到 6.95%）。从方案三的结果来看，变动住房指标的阈值对多维贫困的影响较小，多维贫困指数仅下降 0.000 8，多维贫困发生率下降 0.17 个百分点，贫困程度下降 0.10 个百分点。主要原因是随着我国“两不愁，三保障”政策的实施，居民在住房方面的剥夺大幅度减小，住房贫困对多维贫困的贡

献度也较低。综上可以得出，本部分构建的多维贫困指标体系比较稳健。

4.3.3 与其他国家多维贫困比较

由于数据和测算方法的不同，国内外很少对世界各国的多维贫困进行比较分析。UNDP 和 OPHI 共同发布的历年全球多维贫困指数(MPI)，比较全面地对发展中国家的多维贫困情况进行了测算。笔者使用该数据库中 2014 年和 2018 年的发展中国家的多维贫困数据进行比较分析估计我国多维贫困状况。我国的多维贫困数据来源有两个：一是 OPHI 使用 CFPS 2014 数据测算的我国多维贫困情况，二是本章使用 CHIP 2013、CHIP 2018 测算的多维贫困指数。以上两种测算结果均使用了 AF 法，选取的指标变量也主要依据 MPI 指标，只是 CFPS 在变量选取中存在住房指标的缺失，导致测算结果略有差异。图 4-2 是使用 OPHI 中的数据比较我国和其他发展中国家的多维贫困情况，横坐标为人均 GDP(现价美元)，纵坐标为多维贫困指数。

如图 4-2 所示，发展中国家多维贫困指数与经济增长呈负相关，即随着经济发展水平的提高，多维贫困指数将逐渐下降。近年来，得益于扶贫政策的精准实施，我国的多维贫困明显低于大部分发展中国家。图中以非洲为主的发展中国家多维贫困最为严重，以中欧、东亚、拉美等为主的发展中国家多维贫困状况较低。国家人口数与多维贫困大小没有直接的关系，与人均 GDP 的关系比较明显，当一个国家人均 GDP 达到 3 000 美元时，多维贫困指数下降最为明显，超过这个临界值，多维贫困指数将维持在一个相对较低水平。为了验证结论的稳健性，本节使用 2018 年各国数据进行比较，也得到了相似的结果。

已有研究发现，年龄与收入贫困呈 U 形分布，即随着年龄的增加，贫困状况呈先下将后上升的趋势，或者说是儿童和老年人的多维贫困更为严重，而中年人的多维贫困较轻。大部分国家中的年龄与多维贫困存在 U 形关系，但 2014—2018 年，这种 U 形关系有所改善。从 2014 年各年龄组的多维贫困均值来看，中年组的多维贫困指数最低，儿童和老年人的多维贫困指数较高。随着各国加大对扶贫工作的重视，2018 年年龄组间的差距缩小，但 U 形关系仍然明显。需要说明一点，儿童贫困发生率较高的原因是选取的数据中，非洲等发展中国家占比高，而这些国家自然环境恶劣，经济水平和受教育水平低，战争和动荡多，导致儿童容易遭受更多的多维剥夺，因此，测算结果中儿童的多维贫困发生率也比较高。但整体来看，世界各国老年人的多维贫困都比较严重，需要得到广泛关注。

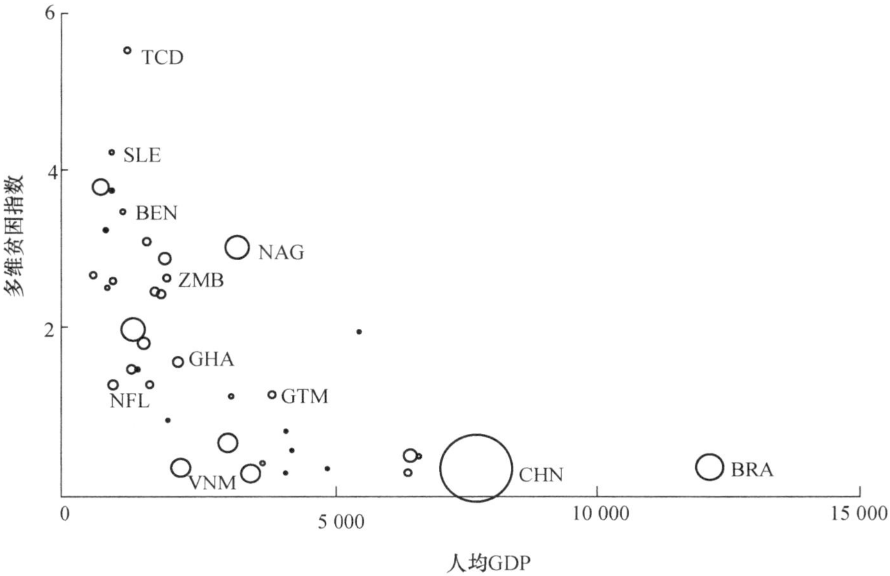

图 4-2 2014 年我国与发展中国家多维贫困比较

注:以各国的人口作为权重画出各国的散点图,圆的大小代表这个国家的人数的多少,单位为万人。横坐标为人均可支配收入,纵坐标为多维贫困指数。

数据来源:多维贫困指数是本研究根据牛津贫困与人类发展研究中心(OPHI)全球多维贫困(MPI)数据库(https://ophi.org.uk/multidimensional-poverty-index/global-mpi-databank)整理得出。各国人均 GDP(以现价美元为标准)和总人口数据均来自世界银行数据库(https://data.worldbank.org.cn/indicator/NY.GDP.PCAP.CD?view=chart)。

4.4 本章小结

本章利用 CHIP 2013、CHIP 2018 数据,使用 AF 法对我国的多维贫困情况进行了测算,并使用相关性检验、删减指标、更改 K 值等方法对测算结果进行了稳健性检验。按年龄、地区、教育水平、城乡等进行分组测算。结果发现,2013—2018 年我国的多维贫困指数和多维贫困发生率下降明显,但农村的多维贫困仍然比城镇严重。分组结果显示,西部地区的多维贫困比中部、东部地区严重;受教育水平越低、收入水平越低,多维贫困越严重;老年人的多维贫困比中年人和儿童更为严重,农村老年人的多维贫困指数最高。与其他国家比较发现,我国近年来减贫工作取得了显著的成就。当然,还存在一些问题,如我国的多维贫困发生率低于绝大多数的发展中国家，但仍明显高于发达国家，甚至高于欧洲东部地区的一些中等收入国家。

老年人的多维贫困比中年人更为严重。这也进一步回答了本书为何以老年人多维贫困作为研究的核心对象。后续章节的研究对象主要是容易受到外在不利因素冲击而陷入多维贫困的老年人群体。

第5章　老年人暂时多维贫困测算及致贫原因分析

本章从暂时或静态的角度给出了我国老年人多维贫困的现状，并对农村和城镇老年人的现状和影响因素进行比较分析。本章主要分为五个部分：第一部分是老年人多维贫困指标体系的构建。在UNDP的多维贫困指标体系（MPI）的基础上，以"两不愁，三保障"为依据，充分考虑老年人的生活需求，并加入幸福感等主观变量，构建老年人多维贫困指标体系。使用皮尔逊相关性检验对各指标之间的关联性进行分析，进一步保证指标的合理性和适用性。权重的设定仍然使用大部分研究中常用的等权重法。第二部分是方法和数据的介绍。本部分利用CHIP 2013、CHIP 2018截面数据，使用AF法对我国农村和城镇老年人多维贫困变动情况进行测算，并进行稳健性检验。第三部分是对多维贫困指数进行分解。测算了老年人分年龄、地区等特征的多维贫困情况。第四部分是利用CHIP 2018数据，使用Logit模型，对农村和城镇老年人多维贫困的致贫因素进行分析，比较城乡老年人致贫原因的异质性，并利用2013年数据进行稳健性检验，为解决我国的老年人贫困问题提供政策建议。第五部分是多维贫困的稳健性检验。

5.1　引言与文献综述

随着我国老龄化问题的加剧，尤其是农村留守老人的增加，老年人由生理和心理等不利因素导致的多维剥夺问题得到越来越多的关注。吴茜、姚乐野（2020）研究发现，2014年老年人的收入贫困发生率为43%。老年人不仅面临收入贫困的风险，还会遭到健康和精神维度的剥夺，其中精神维度剥夺的比率高达78%。解决老年人的多维贫困问题也是国家打赢脱贫攻坚战、巩固脱贫攻坚成果以及提高老年人的获得感和幸福感的重要任务。

已有部分学者对老年人多维贫困现状进行研究(解垩,2015;解垩,2017;徐丽萍等,2019;宋佳豪等,2019)。解垩(2015)构建了消费水平、健康状况和未来信心等多维指标体系,测算了老年人多维贫困情况。结果发现老年人的多维贫困不断改善,但到2012年为止,当临界值为1/3时,仍然有35%的老年人属于多维贫困。还有学者对老年人群体的多维贫困进行研究。孙金明、张国禄(2018)测算了失能老年人多维贫困,与城镇相比,农村失能老人对多维贫困指数贡献度更大;失能等级越高,多维贫困指数越高;孤独感、生活照料等指标对失能老人的贡献度最高。失能老人的脱贫需要提高识别的瞄准性,提高对这些老人的生活护理服务水平。马明义等(2020)研究了留守老人的多维贫困问题,将外出打工子女提供的经济帮助作为重要的维度纳入指标体系,并发现对留守老人的影响显著。可以发现,不同的研究构建的指标体系不同,设定中存在一定的主观性,并且部分研究没有对指标体系的稳健性进行检验。

首先需要回答如何构建老年人多维贫困指标体系的问题,这是对老年人多维贫困的研究非常重要的一步。已有研究发现老年人与其他群体存在健康状况、劳动能力等差异,一般贫困指标对老年人的适用性偏低,需要设定针对老年人的指标体系。本书选择指标的主要依据有两个:一个是来自UNDP构建的多维贫困指标体系(MPI),该体系是目前公认的、可以用于世界各国比较的体系,本书的第4章也使用了该指标体系对我国的多维贫困现状进行分析。另一个是来自我国的精准扶贫政策——“两不愁,三保障”。以上两个来源的共同之处就是对生活水平维度的重视,如住房、饮用水等,同时也强调了健康、教育等的重要性。当然,除了以上两个来源,还有Alkire(2009)提出的主观指标缺失会导致多维贫困衡量存在明显误差。因此,幸福感、安全感等主观指标也是老年人多维贫困指标体系的重要维度。由于多维贫困指标体系的构建和权重的设定存在主观性,本书使用了大量的稳健性检验,找到并剔除影响结果比较大的因素,最终保证指标体系的实用性和科学性。

老年人多维贫困的研究还需要有高质量的微观数据作为支撑,样本数据的代表性、数据的时间等都会影响测算结果。在数据上,本研究使用了CHIP 2018数据对老年人的贫困现状进行分析。该数据是对中国居民家庭2018年的基本情况、收入、工作、生活等方面的调查。收入分配研究院与国家统计局充分合作,样本覆盖了15个省份,样本超过2万户,个体样本超过7万个。作为项目组一员,笔者主动参与了问卷设计和讨论、样本的试调查、调查期间的督导等工作,该数据具有一定的可靠性和真实性。

在测算方法的使用上，比较了主成分分析法、韦恩图法、公理化法后，选取了 Alkire 和 Foster(2007)提出的多维贫困指数法。该方法的最大优势就是可以对多维贫困进行子群分解，即分维度、年龄、地区等特征组测算老年人的多维贫困情况。老年人多维贫困的测算结果给出了几个非常重要的信息，如老年人贫困的人数、老年人贫困的程度、各指标对多维贫困的贡献、老年人贫困的地区分布、老年人多维贫困的城乡差异等。本书不仅阐述了老年人在某个时间点的多维贫困情况，还通过 2013 年和 2018 年的测算结果，使用多维贫困动态分析法，比较分析 2013—2018 年老年人多维贫困的变动情况，以及各指标的贫困发生率和贡献率。多维贫困的静态和动态比较，为检验我国近年来扶贫政策实施效果提供了数据支持。

对老年人多维贫困的子群分解中，已经对各特征组与多维贫困的关系进行了描述性分析，但这种分析方法存在选择性偏误等问题，需要对因果关系进行实证检验。被解释变量选取老年人是否陷入多维贫困为二值变量，笔者构建了 Logit 回归模型，对多维贫困的影响因素进行回归分析，并通过稳健性检验来验证结果的真实性。在解释变量的选择中，本书总结了已有研究成果中对变量的选取(解垩，2015；郭熙保、周强，2016；宋嘉豪等，2019)，同时也对本章多维贫困分组变量进行了梳理，最终确定了模型的解释变量。稳健性检验中，分农村和城镇对多维贫困进行分组回归，进而检验多维贫困影响因素的城乡异质性。

5.2　样本数据分析

本书选取 CHIP 2013、CHIP 2018 中年龄大于 60 岁的老年人截面数据。2013 年农村老年人样本 5 598 个，城镇样本 3 225 个；2018 年农村老年人样本 6 368 个，城镇样本 5 307 个。表 5-1 所示为样本的描述性分析。具体来看，老年人样本的性别比例均衡，2013 年农村的男女比例为 1.05∶1，城镇男女比例为 1.08∶1；2018 年农村的男女比例为 1.01∶1，城镇男女比例为 0.96∶1。老年人年龄分组中，60～69 岁组占比最高，2013 年城乡分别达到 62.79%、68.85%，2018 年城乡分别达到 66.65%、67.64%。

表 5-1　样本的描述性分析

变量	农村		城镇	
	2013 年	2018 年	2013 年	2018 年
男性	51.20	51.88	50.11	48.88
女性	48.80	48.12	49.86	51.12
60～69 岁	68.85	67.64	62.79	66.65
70～79 岁	24.97	25.06	28.71	24.29
80 岁及以上	8.18	7.30	8.50	9.06
东部地区	35.53	31.39	44.56	42.36
中部地区	37.75	38.83	29.83	33.60
西部地区	26.74	29.77	25.61	24.04
样本量	5 598	6 368	3 225	5 307

注:1. 表中除了样本量的单位为个,其他指标即老年人的性别、年龄、地区的占比情况的单位为百分比。

2. 表中测算了不同性别、年龄、地区样本分别占农村和城镇样本量的比重。

数据来源:根据 CHIP 2013、CHIP 2018 测算得出。

5.3　多维贫困指标体系和权重

5.3.1　多维贫困指标体系构建

经过对国内外多维贫困研究梳理发现,大多学者选取多维贫困的主要维度为健康、教育、生活标准、收入水平、主观福利标准(郭熙保、周强,2015;沈扬扬等,2018;周云波、贺坤,2020)。但是由于研究对象的不同,多维贫困指标选取也存在差异,如老年人和儿童受到剥夺的维度就存在明显区别。因此,本章的老年人多维贫困剥夺指标是在 UNDP 的 MPI 指标体系基础上,结合了我国的"两不愁,三保障"扶贫标准,并加入主观福利指标形成的。主要维度为健康水平维度、经济水平维度、生活标准维度和主观福利维度。健康水平维度选取的是健康状况和医疗保险参与等指标;经济水平维度主要是人均可支配收入和养老保险参与等指标;生活标准维度仍然使用饮用水、炊用燃料、厕所等指标;主观福利维度选取幸福感和安全感。在构建指标体系时,为了有利于多维贫困变动的研究,本部分也充分考虑了 CHIP 住户数据变量的可得性和稳定性,选取的变量在 2013 年和 2018 年中均存在。具体指标体系结构见表 5-2。

表 5-2　老年人多维贫困指标体系构建

维度	指标	剥夺临界值	权重
健康状况(1/4)	健康状况	身体健康程度大于 3 为 1,否则为 0	1/8
	医疗保险	没有医疗保险为 1,否则为 0	1/8
经济水平(1/4)	人均收入	低于官方贫困线标准为 1,否则为 0	1/8
	养老保险	没有养老保险为 1,否则为 0	1/8
生活标准(1/4)	厕所	使用公共厕所(室内或室外,水冲或旱厕)为 1,否则为 0	1/20
	饮用水	无法饮用安全饮用水为 1,否则为 0	1/20
	炊用燃料	以木头或木炭作为炊用燃料为 1,否则为 0	1/20
	住房面积	人均住房面积小于 12 $m^2$① 为 1,否则为 0	1/20
	资产	资产少于或等于一项(电视、摩托车和冰箱等)为 1,否则为 0	1/20
主观感受(1/4)	安全感	相信程度为非常不相信和比较不相信为 1,否则为 0	1/8
	幸福感	非常不幸福和比较不幸福为 1,否则为 0	1/8

注:贫困为 1,非贫困为 0;官方贫困线主要用来识别农村贫困户,但目前仍没有针对城镇的官方标准,而且收入指标加权后对多维贫困指数的影响会降低,因此收入临界值并没有区分城乡差异;各指标的相关性会影响多维贫困指数的加总,同时使用皮尔逊检验和克雷默检验对指标的相关性进行检验,未发现各指标之间存在明显相关性。

表 5-2 所示为老年人多维贫困指标体系,为了有利于城乡老年人多维贫困的比较,本指标体系在农村和城镇均适用。该指标体系既考虑了老年人的基本生活需求,如生活标准、健康状况、收入能力等,又考虑到了老年人特殊的主观情感需求。该指标体系最终设计了 4 个维度、11 个指标。各指标剥夺临界值中,健康状况大于 3(被调查者回答比较不健康和非常不健康)为健康状况贫困;医疗指标的剥夺临界值是没有参加任何的医疗保险;收入指标的剥夺临界值是人均可支配收入低于当年的官方贫困线标准(2013 年为 2 736 元,2018 年为 2 995 元);养老保险剥夺临界值是没有参加任何养老保险;生活标准的剥夺临界值与大部分研究基本一致;幸福感剥夺临界值为被调查者回答比较不幸福和非常不幸福;安全感,也称信任感,是指对朋友的信任程度,当对朋友的相信程度为非常不相信和比较不相信时则认为存在信任感剥夺或安全感

① 详见郭熙保、周强(2016)。

剥夺。为了检验老年人多维贫困指标是否存在相关性,使用了皮尔逊相关性检验和克雷默相关性检验,检验结果均发现各指标不存在明显的相关性。

5.3.2 权重的设定

各指标的权重对多维贫困的结果影响较大。权重的设定有三种最常见的方法,分别是以数据情况为设定依据,以主观评价为依据,或者兼而有之。也有学者认为权重的主观选择会导致结果出现误差,还应该使用主成分分析法、模糊集法等统计方法获得权重或者通过构建随机占优方法和测算频率法对权重的稳定性进行分析(方迎风,2012;方迎风、张芬,2017)。已有研究中对权重的讨论也存在争议,主要争论在于每个维度或指标的权重系数是否应该相等(Decancq and Lugo,2013)。梳理国内外文献发现,采取等权重方法占多数(王小林、阿尔基尔,2009;Alkire and Foster,2011;张全红、周强,2015;沈扬扬等,2018)。等权重法的优势是方法简洁,同时可以用来进行比较分析。也有学者认为应该根据指标的贡献大小赋予不同的权重(尚卫平、姚智谋,2005;陈立中,2008;郭建宇、吴国宝,2012)。

本书对权重的设定依然使用大部分研究选用的等权重法,沈扬扬等(2018)对权重进行稳健性检验发现,权重的设定对多维贫困的结果有一定的影响,但这种影响可以通过其他稳健性检验来消除。表 5-2 所示为本书对权重的具体设计结果,其中健康状况、经济水平、生活标准、主观感受等维度的权重均为 1/4。分类指标中,健康状况、医疗保险、收入水平、养老保险、幸福感和安全感的权重均为 1/8,生活标准维度中的所有指标权重均为 1/20。这种设计方法保证了各维度的权重是相等的,每个维度中的各指标权重也是相等的,但不同维度各指标的权重系数不同,体现了各指标对多维贫困的贡献度。

5.4 老年人多维贫困测算结果

5.4.1 各指标的贫困发生率

笔者对老年人多维贫困指标体系中的各指标的贫困发生率进行测算,由于农村和城镇在基础设施、社会保障、生活水平等方面存在差异,老年人在农村和城镇中受到剥夺的指标有所不同。表 5-3 所示为农村和城镇各指标的贫困发生率情况,并将 2013 年数据与 2018 年数据进行对比。各指标的贫困发生率测算方法使用的是测算收入贫困的 FGT 指数法①，给定每个指标剥夺临界值，识别出该指标的贫困人口，公式如下：贫困发生率＝贫困人口/总人口。

表 5-3　各指标贫困发生率及变动情况　　%

指标	农村			城镇		
	2013 年	2018 年	变动	2013 年	2018 年	变动
健康状况	23.44	22.00	−1.44	14.08	13.35	−0.73
医疗保险	0.70	0.68	−0.02	3.10	3.16	0.06
人均收入	9.20	5.98	−3.20	0.56	0.38	−0.18
养老保险	24.65	13.10	−11.55	6.94	9.61	2.67
厕所	2.40	1.35	−1.05	1.97	0.86	−1.11
饮用水	24.84	8.95	−15.89	3.82	1.60	−2.22
炊用燃料	46.62	34.23	−12.39	3.10	1.94	−1.16
住房面积	2.50	2.54	0.04	2.25	2.28	0.03
资产	15.86	0.70	−15.16	2.13	0.12	−2.01
安全感	14.79	18.54	3.75	20.55	23.71	3.16
幸福感	9.13	3.14	−5.99	5.63	2.70	−2.93

数据来源：根据 CHIP 2013、CHIP 2018 测算得出。

如表 5-3 所示，农村老年人各指标的贫困发生率普遍高于城镇老年人，贫困剥夺的指标存在明显差异。2013 年农村老年人贫困剥夺最严重的指标是炊用燃料指标，贫困发生率达到 46.62%；其次是饮用水、健康状况和养老保险等指标，贫困发生率均超过 23%；医疗保险的贫困发生率最低，仅为 0.70%。2018 年农村老年人的炊用燃料指标贫困发生率仍然最高，其次是健康状况和安全感。2013 年城镇老年人贫困剥夺最高的是安全感，贫困发生率为 20.55%；其次是健康状况，贫困发生率为 14.08%；其他指标的贫困发生率均处于较低水平。2018 年，安全感仍然是城镇老年人贫困发生率最高的指标，其次是健康状况指标。通过农村和城镇对比来看，2013 年农村老年人贫困发生率与城镇差距最大的是炊用燃料指标，农村老年人在该指标的剥夺为 46.62%，而城镇仅为 3.10%，相差 43.52 个百分点，虽然 2018 年农村老年人的炊用燃料贫困发生率下降明显，但该指标城乡差距仍然最大。

老年人多维贫困的动态比较来看，与 2013 年相比，2018 年农村指标贫困发生率下降最多的是饮用水指标，下降 15.89 个百分点，其次是资产指标，下降 15.16 个百分点。需要特别指出的是，老年人的幸福感下降 5.99 个百分点，但

① Foster 等(1984)提出的收入贫困测算法。

安全感上升 3.75 个百分点。与 2013 年相比，2018 年城镇老年人的各贫困指标变动较小，下降最明显的是幸福感指标，下降 2.93 个百分点，提高最明显的是安全感指标，上升 3.16 个百分点。总体来看，随着我国近年来实施的精准扶贫政策（以“两不愁，三保障”为核心），以及农村和城镇基础设施建设不断完善和公共服务水平不断提高，老年人在生活水平和生活标准方面有了质的提升，但是农村和城镇老年人的主观福利指标、健康状况的贫困发生率仍然较高，农村的炊用燃料指标还需要得到更多的关注。

5.4.2 多维贫困及其变动情况

笔者利用 CHIP 2013、CHIP 2018 数据，构建老年人多维贫困指标体系，使用 AF 法，选取最低剥夺临界值 K 为 30%，测算农村和城镇老年人的多维贫困及其变动情况。表 5-4 所示为当临界值 $K=30\%$时，老年人多维贫困指数、贫困发生率和多维贫困程度的测算结果，并将 2013 年数据和 2018 年数据进行对比。表中 M_0 代表多维贫困指数，H_0 代表多维贫困发生率，A_0 代表多维贫困程度。

表 5-4 农村和城镇老年人多维贫困情况

指标	农村				城镇			
	2013 年	2018 年	绝对变动	相对变动	2013 年	2018 年	绝对变动	相对变动
M_0	0.057 0	0.021 4	−0.035 6	−62.46%	0.007 0	0.005 0	−0.002 0	−28.57%
H_0	0.156 1	0.063 7	−0.092 4	−59.19%	0.019 4	0.013 8	−0.005 6	−28.87%
A_0	0.364 8	0.335 5	−0.029 3	−8.03%	0.360 9	0.362 7	0.001 8	−0.50%

数据来源：根据 CHIP 2013、CHIP 2018 测算得出。

如表 5-4 所示，我国农村老年人的多维贫困指数、贫困发生率、贫困程度均呈下降趋势，说明我国近年来的扶贫政策（尤其是“两不愁，三保障”）的实施不仅大幅度减少了收入贫困，多维贫困状况也得到了改善。从农村来看，多维贫困指数从 2013 年的 0.057 0 下降到 2018 年的 0.021 4，绝对变动下降 0.035 6；贫困发生率从 2013 年的 15.61%下降到 2018 年的 6.37%，绝对值下降 9.24 个百分点；同时多维贫困程度也有一定的下降。

从城镇来看，2013 年城镇老年人的多维贫困指数为 0.007 0，2018 年多维贫困指数比 2013 年降低 0.002 0，多维贫困发生率从 2013 年的 1.94%下降到 2018 年的 1.38%，下降 0.56 个百分点。与城镇相比，农村的多维贫困下降幅度大。但由于农村贫困指数和贫困发生率基数大，其多维贫困状况仍然比城镇严重。2013—2018 年城镇多维贫困发生率下降不明显，但仍然存在一定比例的极端贫困人口，政府应该重视这部分群体的多维贫困剥夺情况。

5.4.3 按指标分解的贡献度

贡献度就是各指标对多维贫困指数的贡献和重要程度，贡献度只能用来表示在时间、地区统一的情况下，各指标对多维贫困指数的贡献程度。表 5-5 所示为当最低剥夺临界值 $K=30\%$时，农村和城镇各指标的指标贡献度，并将 2013 年数据与 2018 年数据进行对比，分析各指标贡献度的变动情况。整体来看，农村老年人的健康状况、养老保险、幸福感等指标的贡献度较高；城镇老年人的健康状况、幸福感等指标的贡献度较高。

表 5-5　按指标分解的贡献度情况　　%

指标	农村		城镇	
	2013 年	2018 年	2013 年	2018 年
健康状况	21.87	27.15	24.58	25.98
医疗保险	0.94	1.05	7.82	7.99
人均收入	11.72	16.48	2.79	1.48
养老保险	20.58	11.24	11.17	5.00
厕所	3.36	0.42	2.46	0.20
饮用水	0.93	0.95	0.89	2.60
炊用燃料	6.12	4.12	3.35	2.20
住房面积	0.75	0.38	1.12	2.20
资产	9.46	10.29	2.23	1.40
安全感	12.51	22.58	23.46	27.47
幸福感	11.76	5.34	20.11	24.49

数据来源：根据 CHIP 2013、CHIP 2018 测算得出。

如表 5-5 所示，农村和城镇各指标的贡献度不同，2013 年和 2018 年指标的贡献度也存在差异。2013 年农村健康状况指标的贡献度最高，为 21.87%，其次是养老保险指标的贡献度，为 20.58%；到 2018 年，健康状况仍然是农村老年人多维贫困贡献度最大的指标，贡献度为 27.15%，其次是安全感的贡献度，为 22.58%。随着农村新农保和农村居民养老保险标准和覆盖率的不断提高，养老保险的贡献度明显下降。2013 年，城镇老年人健康状况指标贡献度最大，为 24.58%，其次是安全感的贡献度，为 23.46%；到 2018 年，安全感指标的贡献度超过健康状况指标，成为多维贫困贡献度最大的指标。从农村和城镇对比来看，两者的各指标贡献度有相似的地方，如健康状况和安全感对老年人多维贫困贡献度都很大，养老保险的贡献度在逐渐缩小，以及主观福利指标中的安全感的贡献度在提高，应该在关注老年人生理贫困的基础上，更加关心老年人的心理健康状况。

5.4.4 多维贫困子群分解及变动情况

随着我国扶贫政策的实施，尤其是“两不愁，三保障”等精准扶贫政策的实施，我国居民的生活水平的改善情况、福利水平的提高情况值得进一步研究。基于以上思考，本书使用 CHIP 2013、CHIP 2018 数据，按年龄、地区、收入等特征分组测算农村和城镇老年人的多维贫困情况。

1. 按不同年龄分组的城乡老年人多维贫困

已有研究认为，年龄与多维贫困呈正相关关系，即随着年龄的增加，老年人的多维贫困会越来越严重。通过对年龄组的细分，可以更清楚地看出各年龄组的多维贫困现状。随着我国老年人收入水平的提高和社会保障制度的不断完善，老年人的多维贫困情况在逐渐减轻的同时，仍然会面临更为复杂的致贫原因。城乡老年人不同年龄的多维贫困差距问题也需要关注。表 5-6 所示为按不同年龄分组的城乡老年多维贫困情况。最低贫困剥夺临界值 K 仍取 30%。整体来看，随着年龄的增加，多维贫困指数逐渐上升。

表 5-6　按不同年龄分组的老年人多维贫困指数情况

年份	年龄分组	农村			城镇		
		M_0	H_0	A_0	M_0	H_0	A_0
2013	60～64 岁	0.048 6	0.134 1	0.362 1	0.003 7	0.0106	0.3481
	65～69 岁	0.045 8	0.127 2	0.359 9	0.006 1	0.016 7	0.367 3
	70～74 岁	0.055 9	0.152 7	0.366 4	0.007 1	0.020 0	0.352 2
	75～79 岁	0.090 4	0.246 3	0.366 9	0.012 8	0.034 8	0.367 3
	80 岁及以上	0.096 7	0.257 6	0.375 2	0.016 5	0.044 8	0.368 8
2018	60～64 岁	0.019 8	0.060 0	0.330 9	0.005 3	0.014 4	0.366 1
	65～69 岁	0.017 7	0.053 9	0.329 1	0.004 1	0.010 7	0.381 7
	70～74 岁	0.020 4	0.060 7	0.335 9	0.004 8	0.014 0	0.345 5
	75～79 岁	0.035 8	0.101 6	0.352 4	0.005 0	0.014 4	0.350 0
	80 岁及以上	0.029 8	0.086 3	0.345 5	0.007 0	0.020 0	0.350 0

数据来源：根据 CHIP 2013、CHIP 2018 测算得出。

表 5-6 所示为各年龄组的城乡老年人多维贫困状况。可以发现，随着年龄的增加，城镇老年人的多维贫困逐渐恶化，但农村老年人的年龄与多维贫困并没有呈现明显的正相关关系。2013 年 60～64 岁和 65～69 岁年龄组的老年人多维贫困指数相对较低，分别为 0.048 6、0.045 8，贫困发生率分别为 13.41%、

12.72%。当农村老年人大于 75 岁时，多维贫困指数有明显增加，贫困发生率也大幅度提高。与 2013 年相比，2018 年我国农村老年人多维贫困的整体状况明显改善，但多维贫困与年龄的关系发生改变，80 岁及以上老年人的贫困发生率低于 75～79 岁年龄组。进一步分析发现，80 岁及以上老年人多维贫困指数较低的原因是这部分老年人多与子女居住，而且可以享受到农村居民养老金等转移性收入。城镇老年人的多维贫困在各年龄组均低于农村老年人，而且与年龄呈现显著的正相关关系，主要原因是城镇社会保障制度更加完善，可以获得更多的政府转移支付收入。

2. 按不同地区分解的城乡老年人多维贫困

经济发展水平与多维贫困呈现负相关关系。笔者将 CHIP 数据中的 15 个省份划分为东部、中部、西部三个地区，测算不同地区的老年人多维贫困情况。表 5-7 所示为 2013 年和 2018 年按东部、中部、西部地区分组的城乡老年人多维贫困指数、贫困发生率和贫困程度。最低贫困剥夺临界值 K 仍取 30%。整体来看，东部地区城镇老年人多维贫困情况最轻，西部地区农村老年人多维贫困最严重。

我国东部地区城镇老年人多维贫困问题最轻，西部地区农村老年人多维贫困问题最严重，与之前假设相符。农村与城镇比较发现，农村比城镇的多维贫困问题严重，西部地区农村多维贫困问题最为严重，西部地区城镇多维贫困问题相对较轻。与 2013 年比较发现，2018 年的西部地区农村老年人多维贫困下降最明显，从 2013 年的 24.65%下降到 2018 年的 7.93%，下降 16.72 个百分点，但与其他地区相比，仍是多维贫困最严重的地区。与 2013 年相比，2018 年东部、中部、西部地区城镇多维贫困发生率差距较小，分别为 1.13%、1.47%、1.69%。总体来看，东部、中部、西部地区农村多维贫困仍然存在差距，城镇多维贫困的差距正在逐渐缩小，这与不同地区经济发展水平、社会保障支出水平等因素有关，政府应继续加大中部、西部欠发达地区的扶持力度。

3. 按不同收入分解的城乡老年多维贫困

收入是经济贫困的决定因素，收入水平越低，贫困发生率越高。那么收入与多维贫困的关系如何？笔者按收入五等分组，分别测算了低收入、中低收入、中等收入、中高收入、高收入组的农村和城镇老年人多维贫困状况，并将 2013 年与 2018 年的数据进行对比分析。表 5-8 所示为测算结果，最低贫困剥夺临界值 K 仍取 30%。

表 5-7　按不同地区分组的城乡老年人多维贫困情况

年份	多维贫困	农村			城镇		
		东部	中部	西部	东部	中部	西部
2013	人口比例	35.53	37.75	26.74	44.56	29.83	25.61
	M_0	0.022 9	0.062 8	0.093 9	0.004 5	0.006 7	0.011 7
	H_0	0.066 9	0.176 1	0.246 5	0.011 9	0.016 8	0.035 4
	A_0	0.342 5	0.356 9	0.380 8	0.373 5	0.401 6	0.331 0
2018	人口比例	31.39	38.83	29.77	42.36	33.60	24.04
	M_0	0.012 7	0.024 3	0.026 6	0.004 1	0.005 3	0.006 2
	H_0	0.037 9	0.072 3	0.079 3	0.011 3	0.014 7	0.016 9
	A_0	0.335 8	0.335 6	0.335 3	0.365 6	0.358 0	0.365 0

数据来源：根据 CHIP 2013、CHIP 2018 测算得出。

如表 5-8 所示，低收入组的老年人多维贫困最严重，随着收入的增加，老年人的多维贫困指数和贫困发生率逐渐下降。与 2013 年相比，2018 年农村低收入组的多维贫困指数为 0.051 1，仅为 2013 年的 37.0%；2018 年城镇低收入组的多维贫困指数为 0.012 2，为 2013 年的 56.5%。虽然 2018 年农村低收入组的老年人多维贫困指数仍然高于城镇，是城镇的 4 倍多，但农村低收入组比城镇低收入组的多维减贫幅度更大。随着我国农村居民收入水平的提高，政府不断加强对农村基本公共服务设施建设，以及农村多层次社会保障体系的建设，农村老年人多维贫困发生率还会下降，直到农村老年人摆脱多维贫困状况。

表 5-8　不同收入水平分组的城乡老年人多维贫困情况

年份	收入水平	农村			城镇		
		M_0	H_0	A_0	M_0	H_0	A_0
2013	低收入	0.138 3	0.365 2	0.378 9	0.021 6	0.059 3	0.365 1
	中低收入	0.052 3	0.144 6	0.361 7	0.003 7	0.009 4	0.395 8
	中等收入	0.042 0	0.118 0	0.356 3	0.003 7	0.010 9	0.339 3
	中高收入	0.033 5	0.098 1	0.340 9	0.003 3	0.009 4	0.350 0
	高收入	0.018 6	0.054 6	0.340 2	0.002 6	0.007 8	0.330 0
2018	低收入	0.051 1	0.147 4	0.347 0	0.012 2	0.033 0	0.3682
	中低收入	0.023 2	0.070 1	0.330 5	0.005 6	0.016 0	0.348 4
	中等收入	0.013 6	0.042 3	0.321 6	0.002 9	0.008 1	0.356 3
	中高收入	0.010 6	0.032 6	0.323 8	0.002 6	0.007 0	0.367 9
	高收入	0.008 4	0.026 1	0.321 9	0.001 9	0.005 0	0.375 0

数据来源：根据 CHIP 2013、CHIP 2018 测算得出。

5.5　多维贫困的稳健性检验

5.5.1　替换指标后多维贫困测算结果

沈扬扬等(2018)提出多维贫困指标存在主观性,需要通过改变指标的代理变量、改变权重或直接更换指标的方法对指标体系进行稳健性检验。笔者在此基础上使用改变临界值 K 法,通过 K 值变动对多维贫困指数的影响来进行稳健性检验。

替换近似指标可以用来考察老年多维贫困指标选择的准确性。已有研究中,由于研究对象的不同,很多学者对多维贫困指标选取存在差异。一般会通过替换其他研究中的指标或改变临界值的方法进行稳健性检验。具体替换指标和标准如下:方案一使用消费指标替代收入指标。解垩(2015、2017)从社会福利的角度,将家庭人均消费低于 1.25 美元/(人・天)的居民定义为消费贫困,该消费贫困线与国际收入贫困线的标准一致。因此,本方案使用的消费指标临界值和收入指标临界值相同,2013 年为 2 736 元,2018 年为 2 995 元。方案二使用就业剥夺指标替代收入指标。以往研究中一般将是否有工作作为就业贫困的判断标准(沈扬扬等,2015;张昭、杨澄宇,2020)。但是对于老年人来说,就业贫困需要被重新界定,笔者认为,70 岁及以上的老年人仍然工作可以说明该老年人存在就业贫困。虽然延迟退休被认为是解决老龄化问题的重要方法,但存在年龄增加导致老年人的健康状况变差、劳动能力不足的情况,所以将年龄超过某一临界值仍然就业的老年人界定为就业贫困,否则为就业非贫困。方案三变换人均住房面积指标的临界值。由于不同研究中对人均住房面积的临界值的选择不同,本章借鉴的是人均住房面积小于等于 12 m^2(郭熙保、周强,2016),而沈扬扬等(2018)将人均住房面积小于 9 m^2 认定为存在贫困。因此,不同的人均住房面积可能会对多维贫困的测算有影响。具体各方案的检验结果见表 5-9。

表 5-9 指标替换后农村老年人的多维贫困

指标	2013 年				2018 年			
	原始	方案一	方案二	方案三	原始	方案一	方案二	方案三
M_0	0.057 0	0.061 5	0.050 8	0.055 9	0.021 4	0.020 3	0.021 7	0.021 1
H_0	0.156 1	0.167 0	0.140 7	0.153 6	0.063 7	0.060 5	0.065 8	0.063 2
A_0	0.364 8	0.368 1	0.360 7	0.363 7	0.335 5	0.335 8	0.329 0	0.333 4

数据来源：根据 CHIP 2013、CHIP 2018 测算得出。

表 5-9 所示为替换不同指标后农村老年人多维贫困情况。从方案一来看，使用消费指标替换收入指标后，2013 年多维贫困指数和发生率略有增加，多维贫困指数从 0.057 0 上升到 0.061 5，多维贫困发生率从 15.61% 上升到 16.70%，多维贫困程度变化较小。2018 年多维贫困指数和发生率略有下降，但变化较小。综合 2013 年和 2018 年的结果来看，方案一对多维贫困的影响较小。从方案二来看，使用就业指标代替收入指标后，2013 年的多维贫困指数和多维贫困发生率略有下降，2018 年变动更小，说明老年人多维贫困指标体系的稳健性较好。从方案三来看，将人均住房面积指标的剥夺临界值减小后，多维贫困指数、贫困发生率、贫困程度均有下降，但降幅较小，符合随机占优假设。

5.5.2 增减指标后多维贫困测算结果

方迎风、张芬(2017)在对多维贫困的稳健性分析中发现，在等权重下不同维度识别的差异主要是各维度对多维贫困的贡献度不同，沈扬扬等(2018)得到了相似的结论。方案四，测算了删除一个对多维贫困贡献最大的健康状况指标后的贫困变动情况。方案五，一直以来，学者对是否将收入纳入多维贫困指标体系中存在争论，分别测算收入指标加入前和收入指标加入后的多维贫困情况，并检验收入作为多维贫困子指标的重要性。表 5-10 所示为方案四和方案五测算的多维贫困情况。

表 5-10 增减指标后农村老年人多维贫困结果

指标	2013 年			2018 年		
	原始	方案四	方案五	原始	方案四	方案五
M_0	0.057 0	0.052 3	0.082 1	0.021 4	0.018 4	0.024 7
H_0	0.156 1	0.139 9	0.237 1	0.063 7	0.055 4	0.076 7
A_0	0.364 8	0.373 8	0.346 2	0.335 5	0.332 8	0.321 9

数据来源：根据 CHIP 2013、CHIP 2018 测算得出。

表 5-10 所示为删减贡献度最大的指标对多维贫困指数、贫困发生率和贫困程度的影响。从方案四来看，删除健康指标后，2013 年的贫困发生率下降，这一结果也与沈扬扬等(2018)的结论一致，因为当删除贡献度最大的指标后，加总的剥夺得分值减小，多维贫困识别的贫困个体减少，进而导致贫困发生率下降。从方案五来看，删除收入指标后，2013 年的多维贫困指数显著增加，从 0.057 0 上升到 0.082 1，提高 0.025 1；2018 年的多维贫困指数也有增加，说明老年人在收入指标的剥夺较小，删除该指标后最低剥夺得分反而增加，所以贫困发生率上升。

5.5.3　取不同 *K* 值后多维贫困测算结果

徐文奇等(2017)在多维贫困稳健性检验时，使用了调整 *K* 值的方法进行随机占优性检验。笔者借鉴以上方法提出了方案六的稳健性检验，即观察随着 *K* 值的增加，多维贫困指数和贫困发生率的变动情况。图 5-1 所示为 2013 年、2018 年农村和城镇老年人多维贫困随 *K* 值的变动情况。*K* 的取值范围是 10%～100%。四条折线分别代表 2013 年农村多维贫困指数、2018 年农村多维贫困指数、2013 年城镇多维贫困指数和 2018 年城镇多维贫困指数，结果见图 5-1。

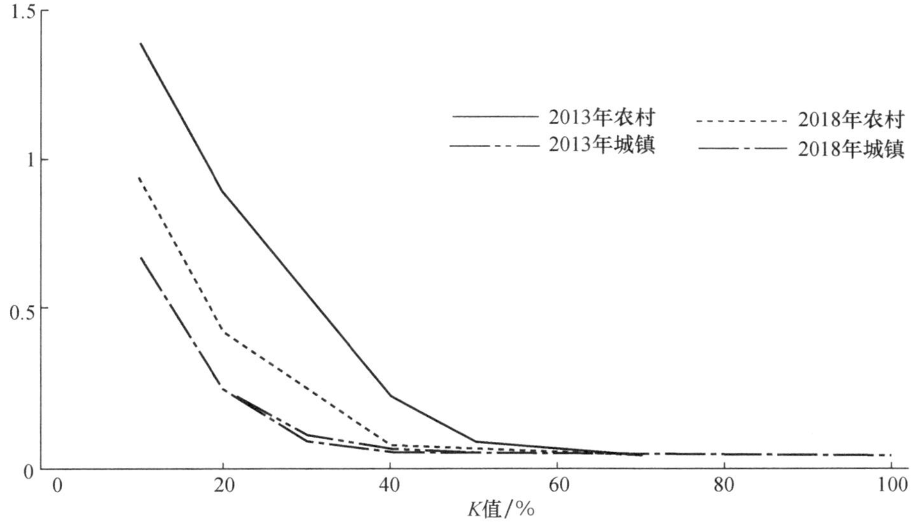

图 5-1　不同临界值 *K* 下的多维贫困指数变动情况

如图 5-1 所示，无论是城镇还是农村多维贫困指数均呈下降趋势，2013—2018 年农村多维贫困指数的下降幅度比城镇大，城镇的多维贫困指数变化较小。从农村来看,2013 年,随着 K 值的增加,多维贫困指数逐渐下降,当 $K=70\%$ 时,多维贫困指数为 0(即不存在同时存在 7 个指标贫困的老年人);而 2018 年,当 $K=50\%$ 时,多维贫困指数为 0(即不存在同时存在 5 个指标贫困的老年人)。从城镇来看,当 $K\leqslant 30\%$ 时,多维贫困指数下降速度较快;当 $K=40\%$ 时,多维贫困指数趋于平缓;当 $K=50\%$ 时,多维贫困指数下降为 0。总体来看,无论 K 取何值,2013 年的多维贫困指数均绝对占优于 2018 年,即 2018 年的多维贫困指数小于 2013 年,多维贫困的状况有好转。

5.5.4 与 CFPS 数据测算结果对比

比较分析不同数据测算的老年人多维贫困结果对本测算结果的稳健性检验非常有意义。该稳健性的检验策略是使用相同的测算方法,比较 CHIP 和 CFPS 相似年份老年人多维贫困情况。表 5-11 所示为分别使用这两种数据测算的农村老年人多维贫困结果。需要说明两点:一是 CHIP 2013、CHIP 2018 数据衡量的是 2013 年和 2018 年情况,而 CFPS 2014、CFPS 2018 数据衡量的是 2013 年和 2017 年的情况;二是由于 CHIP 和 CFPS 是基于不同目的搜集的微观数据,在问卷变量的设计方面有区别,虽然测算中尽量保证两个数据中变量的一致性,但仍然会存在个别变量无法处理导致的非测算差异。

表 5-11 使用不同数据测算结果对比情况

多维贫困指数	CHIP		CFPS	
	2013 年	2018 年	2013 年	2017 年
M_0	0.057 0	0.021 4	0.067 8	0.046 0
H_0	0.156 1	0.063 7	0.186 9	0.128 6
A_0	0.364 8	0.335 5	0.362 5	0.357 8

数据来源:根据 CHIP 2013 和 CFPS 2014 数据计算得出。

如表 5-11 所示,CFPS 和 CHIP 测算的 2013 年农村老年人的多维贫困指数、贫困发生率、多维贫困程度差距较小,CFPS 数据测算的多维贫困指数和贫困发生率比 CHIP 数据测算结果略高。但是 CFPS 数据测算的 2018 年的结果明显高于 CHIP 数据:一个原因是 CFPS 数据测算的是 2017 年农村老年人的多维贫困情况,测算结果比 2018 年高是合理的。另一个非常重要的原因是 CFPS 2018 数据问卷中某些变量的等级与 CHIP 变量存在明显差异,最终影响多维贫困指数和贫困发生率的测算结果。例如,CFPS 2018 数据中健康变量最严重的等级是不健康,而在 CHIP 中的是非常不健康,导致 CFPS 数据中老年人汇报的健康贫困发生率高,有 36.61%的农村老年人认为自己是不健康的，而健康贫困发生率在CHIP 2018中要明显小于36.61%。

5.6 老年人多维贫困影响因素分析

5.6.1 模型设定和实证策略

本节主要研究农村和城镇老年人多维贫困的致贫因素。老年人的致贫因素是复杂多样的(张昭、杨澄宇,2020),已有研究发现,个体或家庭因素、地区因素等都会导致老年人的多维贫困。其中,个体因素主要有年龄、受教育程度、婚姻状况、户籍等;家庭因素主要有子女数量、人口规模、社会关系等;社区因素主要有社区环境、健身器材等;宏观因素主要有人均GDP、人均转移性支出、城市化率、户籍制度等(郭熙保、周强,2015;解垩,2017;侯亚景、周云波,2017)。Sen(1999)发现基本可行能力会受到年龄、性别、社会角色、居住地区等因素的显著影响。由于被解释变量是否多维贫困是二值选择离散变量,如果老年人是多维贫困则取值为1,否则取值为0,使用Logit模型进行回归分析,并使用Probit模型和2013年农村数据进行稳健性检验。具体模型设定如下:

为了使y的预测值介于[0,1]之间,在给定解释变量x的情况下,被解释变量y符合两点分布概率,可以将y的估计值理解为老年人多维贫困发生概率。

$$P(y=1 \mid x)=F(x,\beta) \tag{5-1}$$

$$P(y=0 \mid x)=1-F(x,\beta) \tag{5-2}$$

$$E(y \mid x)=1 \cdot P(y=1 \mid x)+0 \cdot P(y=0 \mid x)=P(y=1 \mid x) \tag{5-3}$$

如果$F(x,\beta)$为逻辑分布的累积分布函数,则

$$P(y=1 \mid x)=F(x,\beta)=\Lambda(x'\beta) \equiv \frac{\exp(x,\beta)}{1+\exp(x,\beta)} \tag{5-4}$$

显然,Logit模型是非线性模型,可以使用最大似然法(MLE)进行估计。第i个观测数据的概率密度为

$$f(y_i \mid x_i,\beta)=[\Lambda(x'_i\beta)]^{y_i}[1-\Lambda(x'_i\beta)]^{1-y_i} \tag{5-5}$$

如果样本的个体相互独立,则样本的对数似然函数为

$$\ln L(\beta \mid u,x)=\sum_{i=1}^{n} y_i \ln[\Lambda(x_i'\beta)]+\sum_{i=1}^{n}(1-y_i)\ln[1-\Lambda(x_i'\beta)] \tag{5-6}$$

极大似然估计值并不是边际效应,而是概率比或相对风险,在本节回归中

代表老年人多维贫困是老年人非贫困的倍数。p 代表事件发生概率。

$$p=\frac{\exp(x'_i\beta)}{1+\exp(x'_i\beta)}$$

$$1-p=\frac{1}{1+\exp(x'_i\beta)}$$

$$\frac{p}{1-p}=\exp(x'_i\beta)$$

$$\ln(\frac{p}{1-p})=x'_i\beta \tag{5-7}$$

5.6.2 变量选取和描述性分析

本部分使用的数据来源于 CHIP 2013、CHIP 2018 的全国数据，数据的详细介绍在第二部分已经给出。在分组回归中用了城镇和农村数据。表 5-12 仅给出了全国数据中各变量的描述性分析。

表 5-12 主要变量定义和描述性分析

变量	变量定义	观测值	均值	方差	最小值	最大值
年龄	岁	11 134	68	6.93	60	104
户口	农业户口＝1	11 134	0.56	0.50	0	1
教育水平	分类变量 1～5	11 134	2.50	1.05	1	5
婚姻状况	在婚＝1；其他＝0	11 134	0.84	0.37	0	1
社会地位	党员＝1	11 134	0.15	0.36	0	1
社区环境	有路灯＝1；没有路灯＝0	11 134	0.79	0.41	0	1
社区健身	健身器材数量	11 134	1.22	0.42	1	2
地貌特征	平原＝1；丘陵＝2；山地＝3	11 134	1.74	0.80	1	3
东部地区	东部地区＝1	11 134	0.36	0.48	0	1
中部地区	中部地区＝1	11 134	0.37	0.48	0	1
西部地区	西部地区＝1	11 134	0.27	0.44	0	1
财政转移性支出	人均转移支出	11 134	5 261	1 625.84	4 052	10 916
社会保障支出	人均社会保障支出	11 134	1 973	727.37	1 248	3 880
医疗支出	人均医疗支出	11 134	1 114	334.11	804	2 275
教育支出	人均教育支出	11 134	1 500	760.20	1 500	4 761

注：表中教育水平是分类变量，共 5 个层次：1 代表文盲，2 代表小学，3 代表初中，4 代表高中和中专等，5 代表大专及以上（包括本科、硕士和博士）。社会地位变量用是否为党员来表示。

数据来源：微观数据根据 CHIP 2018 数据整理得出；宏观数据来自《中国统计年鉴》。

目前多维贫困的影响因素研究有很多,但对于老年人等特殊群体的多维贫困因素研究较少。在进行变量选取时,既要考虑老年人自身的原因(禀赋),又要考虑家庭、地区等因素的影响。需要注意的是,考虑到变量内生性的存在,进行变量选取时应尽量使用非多维贫困指标中的变量(Alkire et al.,2015;周云波等,2020)。表5-12所示为各变量的定义和描述性统计分析结果。主要解释变量:年龄、户口、教育水平、婚姻状况等个体变量;社区环境、地区、地貌、地区财政转移性支出等变量。其中,社区环境变量使用的是社区或村居是否有路灯。社会地位等社会关系变量也是影响多维贫困的重要变量。侯亚景、周云波(2017)认为家庭社会地位很大程度上反映了农村家庭在当地影响力、人脉关系、社会网络等因素,这些都是家庭综合实力的表现。

5.6.3 实证结果

1. Logit回归结果

表5-13所示为2018年全国、农村、城镇老年人多维贫困的回归结果,住户数据来自CHIP 2018数据库。(1)(3)(5)列是基本的回归结果,(2)(4)(6)列是加入社区和地区变量后的回归结果。通过农村与城镇对比发现,老年人多维贫困存在城乡异质性,并且农村的拟合效果和显著性好于城镇。

表5-13 老年人多维贫困Logit回归系数结果

被解释变量	全国多维贫困		农村多维贫困		城镇多维贫困	
	(1)	(2)	(3)	(4)	(5)	(6)
年龄	0.16*	0.23**	0.19*	0.21*	−0.12	−0.12
	(0.09)	(0.11)	(0.11)	(0.11)	(0.17)	(0.19)
年龄平方	−0.00	−0.00*	−0.00	−0.00*	0.00	0.00
	(0.00)	(0.00)	(0.00)	(0.00)	(0.00)	(0.00)
户口	0.90***	0.59***				
	(0.11)	(0.14)				
教育水平	−0.35***	−0.23***	−0.29***	−0.22***	−0.31***	−0.30***
	(0.05)	(0.07)	(0.07)	(0.07)	(0.11)	(0.11)
婚姻状况	−0.46***	−0.34***	−0.42***	−0.37***	−0.71***	−0.71***
	(0.11)	(0.12)	(0.12)	(0.12)	(0.25)	(0.25)
社会地位	−0.19	−0.26	−0.27	−0.33	0.03	0.04
	(0.17)	(0.19)	(0.20)	(0.20)	(0.30)	(0.30)
西部地区		0.53***		0.53***		0.30
		(0.15)		(0.16)		(0.24)

续表 5-13

被解释变量	全国多维贫困		农村多维贫困		城镇多维贫困	
	(1)	(2)	(3)	(4)	(5)	(6)
中部地区		0.22		0.13***		−0.16
		(0.13)		(0.04)		(0.28)
社区环境		−0.34***		−0.26***		1.05
		(0.11)		(0.11)		(1.00)
人均转移性支出		−0.49		−0.51		−0.31
		(0.32)		(0.34)		(0.44)
社区地貌		0.32***		0.26**		
		(0.06)		(0.07)		
距离县城距离		0.00***		0.01***		
		(0.00)		(0.00)		
常数项	−8.41**	−7.64	−9.58**	−6.79	2.08	3.68
	(3.36)	(4.74)	(3.85)	(1.38)	(7.28)	(8.14)
Wald chi2(13)	334.30	298.67	151.26	274.72	64.32	73.10
Prob＞chi2	0.00	0.00	0.00	0.00	0.00	0.00
样本量	11 132	11 132	6 137	6 090	4 995	4 995

注：*** $p<0.01$，** $p<0.05$，* $p<0.1$；表 5-13 中给出的是系数的稳健标准误。

如表 5-13 所示，全国样本和农村样本的主要解释变量非常显著，但在城镇样本中存在部分解释变量并不显著，城镇样本中年龄和户口变量的系数不显著。笔者主要对农村老年人多维贫困进行分析。

第一，从年龄来看，年龄的回归系数为正，而年龄的平方回归系数为负，说明年龄与老年人的多维贫困呈倒 U 形分布，即随着年龄的增加，老年人多维贫困先上升后下降。年龄的增加必然带来健康问题，健康问题导致老年人的医疗消费支出增加、收入水平不稳定和劳动参与度下降，因而多维贫困增加明显。当年龄到一定程度时，老年人会获得子女和政府的转移性收入和生活照料，多维贫困下降。

第二，从老年人的户口来看，农村户口的老年人陷入多维贫困的风险非常大，回归系数也非常显著。主要原因如下：虽然我国非常重视对农村的基础设施建设，基本公共服务水平明显提高，但是城乡老年人在社会保障支出、基本公共服务等方面的差距仍然明显，农村老年人的生活水平仍有待提高，当受到不利因素冲击时，农村老年人抵御陷入贫困风险的能力较低。

第三，教育对老年人多维贫困有负向影响，教育水平越高，老年人陷入多维贫困的可能性越小。教育作为重要的人力资本，当老年人的受教育程度越高，其收入水平和职业层次往往会越高，获得的养老金也会越高，陷入多维贫困的可能性越小。

第四，从婚姻状况来看，农村老年人在婚对多维贫困有负向影响，且非常显著。主要原因是婚姻的完整可以提高老年人的生活质量和提供精神慰藉，尤其是农村留守老人逐年增加的情况下，婚姻的变故会增加老年人陷入多维贫困的风险。

第五，村居环境越好，农村地貌越平坦，农村距县城的距离越近，农村老年人陷入贫困的可能性越小。主要原因是以上变量不仅可以直接影响老年人的生活水平，同时还会通过影响村的经济发展水平，以及提高农村居民的收入来改善老年人的多维贫困。

2. Logit 回归概率比结果

由于变量的回归系数对老年人多维贫困的影响不能进行比较分析，接下来将阐述各变量对老年人陷入多维贫困发生的概率比结果。表 5-14 所示为各变量的概率比。与回归系数不同，Logit 模型通过概率比可以分析各变量对老年人多维贫困的影响大小。

表 5-14 老年人多维贫困 Logit 回归概率比结果

被解释变量	全国多维贫困		农村多维贫困		城镇多维贫困	
	(1)	(2)	(3)	(4)	(5)	(6)
年龄	1.17**	1.26**	1.21*	1.23*	0.89	0.89
	(0.10)	(0.13)	(0.13)	(0.13)	(0.17)	(0.17)
年龄平方	1.00**	1.00**	1.00	1.00*	1.00	1.00
	(0.00)	(0.00)	(0.00)	(0.00)	(0.00)	(0.00)
户口	2.45***	1.80***				
	(0.26)	(0.26)				
教育水平	0.71***	0.80***	0.75***	0.80***	0.74***	0.74***
	(0.04)	(0.05)	(0.05)	(0.05)	(0.08)	(0.08)
婚姻状况	0.63***	0.71**	0.65***	0.69***	0.49***	0.49***
	(0.07)	(0.08)	(0.08)	(0.08)	(0.12)	(0.12)
社会地位	0.83	0.77	0.76	0.73	1.03	1.04
	(0.13)	(0.15)	(0.15)	(0.15)	(0.30)	(0.30)
西部地区		1.71***		1.70***		1.35
		(0.25)		(0.26)		(0.34)
中部地区		1.13**		1.13***		0.85
		(0.17)		(0.18)		(0.24)

续表 5-14

被解释变量	全国多维贫困		农村多维贫困		城镇多维贫困	
	(1)	(2)	(3)	(4)	(5)	(6)
社区环境		0.71***		0.77***		2.85
		(0.07)		(0.08)		(2.90)
人均转移性支出		0.61		0.60		0.74
		(0.24)		(0.26)		(0.35)
社区地貌		1.38**		1.30**		
		(0.09)		(0.09)		
距离县城距离		1.00***		1.01***		
		(0.00)		(0.00)		
常数项	0.00***	0.00	0.00***	0.00***	7.97	39.57
	(0.00)	(0.00)	(0.00)	(0.01)	(55.32)	(325.92)
Wald chi2(13)	459.82	334.53	146.19	261.81	42.97	47.43
Prob＞chi2	0.00	0.00	0.00	0.00	0.00	0.00
样本量	11 132	11 132	6 137	6 090	4 995	4 995

注：*** $p<0.01$，** $p<0.05$，* $p<0.1$；年龄平方的概率比为 1 的原因是四舍五入的结果。

表 5-14 所示的概率比可以通过各变量对老年人陷入多维贫困的可能性进行分析。从农村老年人的个体影响因素来看：年龄每增加一岁，老年人陷入多维贫困的概率比会增加 23%，但年龄与多维贫困是非线性关系，通过平均边际效应的测算可以估计出一个最高点；农村户口老年人陷入多维贫困的概率比是非农村户口的 1.68 倍；教育水平每提高一个单位，将使老年人陷入多维贫困的可能降低 20%；拥有婚姻的老年人陷入多维贫困的可能性比没有婚姻的老年人低 31%。从农村老年人的地区影响因素来看：西部农村地区的老年人陷入多维贫困的概率比是东部和中部地区的 1.7 倍，而中部农村老年人陷入多维贫困的概率比要明显低于西部；社区环境的概率比为 0.77，说明社区环境好会降低老年人多维贫困的可能；距离县城距离的概率比为 1.01，即距离县城距离多 1 km，农村老年人陷入多维贫困的可能性增加 1%。

对城镇和农村老年人影响因素进行异质性分析，结果发现导致老年人陷入多维贫困的影响因素存在明显差异。从城镇老年人多维贫困的个体因素概率比来看，教育水平高和在婚仍然会显著降低老年人陷入多维贫困的可能，概率比分别为 0.74 和 0.49。但年龄等因素不再是增加老年人陷入多维贫困的因素，反而会降低多维贫困的可能。地区因素中，西部地区老年人陷入多维贫困的可能仍然高于中部地区，但并不显著。

3. 边际效应分析

表 5-15 所示为老年人多维贫困 Logit 模型的平均边际效应，边际效应的优势是可以用来分析解释变量变动一个单位对被解释变量的影响。经过对比发现，该边际效应与 OLS 回归系数相差较小，说明 Logit 回归模型的设计比较合理。通过平均边际效应的测算，初步估计，年龄与老年人陷入多维贫困存在拐点，即在该年龄之前，随着年龄的增加，老年人的多维贫困逐渐上升，之后随着年龄的增加，老年人的多维贫困逐渐下降。无论农村还是城镇，教育水平高和在婚对老年人的多维贫困有显著的负向作用。但农村户口、距县城的距离、地貌等变量会对老年人多维贫困有正向影响，村居环境在全国和农村样本中对老年人多维贫困有显著的负向影响，但在城镇样本中影响和显著性降低。人均转移性支出会减少老年人的多维贫困，但系数不显著。

表 5-15　老年人多维贫困的边际效应

被解释变量	全国多维贫困		农村多维贫困		城镇多维贫困	
	(1)	(2)	(3)	(4)	(5)	(6)
年龄	0.01*	0.01**	0.01*	0.01*	0.00	0.00
	(0.00)	(0.01)	(0.01)	(0.01)	(0.00)	(0.00)
年龄平方	0.00	0.00*	0.00	0.00*	0.00	0.00
	(0.00)	(0.00)	(0.00)	(0.00)	(0.00)	(0.00)
户口	0.04***	0.03***				
	(0.00)	(0.01)				
教育水平	−0.01***	−0.01***	−0.02***	−0.01***	−0.01***	−0.01***
	(0.00)	(0.00)	(0.00)	(0.00)	(0.00)	(0.00)
婚姻状况	−0.02***	−0.02**	−0.03***	−0.03***	−0.02**	−0.02**
	(0.01)	(0.01)	(0.01)	(0.01)	(0.01)	(0.01)
社会地位	−0.01	−0.01	−0.02	−0.02	0.00	0.00
	(0.01)	(0.01)	(0.01)	(0.01)	(0.01)	(0.01)
西部地区		0.03***		0.04***		0.01
		(0.01)		(0.01)		(0.00)
中部地区		0.01		0.01		0.00
		(0.01)		(0.01)		(0.00)
社区环境		−0.02***		−0.02**		0.01*
		(0.01)		(0.01)		(0.01)

续表 5-15

被解释变量	全国多维贫困		农村多维贫困		城镇多维贫困	
	(1)	(2)	(3)	(4)	(5)	(6)
人均转移性支出		−0.03 (0.02)		−0.03 (0.02)		−0.01 (0.01)
社区地貌		0.02*** (0.00)		0.02*** (0.00)		
距离县城距离		0.00*** (0.00)		0.00*** (0.00)		
样本量	11 132	11 132	6 137	6 090	4 995	4 995

注：*** $p<0.01$，** $p<0.05$，* $p<0.1$。

5.6.4 稳健性检验

回归模型稳健性检验常用的方法有：替换变量法、替换模型法、替换数据法等。笔者使用两种检验方法：一是使用 Probit 模型来检验 Logit 模型设定的合理性，二是使用 2013 年的数据与 2018 年的回归结果进行对比。表 5-16 所示为老年人多维贫困稳健性检验结果。

表 5-16 使用 Probit 模型进行稳健性检验结果

被解释变量	全国多维贫困		农村多维贫困		城镇多维贫困	
	(1)	(2)	(3)	(4)	(5)	(6)
年龄	0.08* (0.04)	0.11** (0.05)	0.10* (0.05)	0.10* (0.06)	−0.04 (0.08)	−0.04 (0.08)
年龄平方	0.00 (0.00)	0.00* (0.00)	0.00 (0.00)	0.00 (0.00)	0.00 (0.00)	0.00 (0.00)
户口	0.41*** (0.05)	0.27*** (0.07)				
教育水平	−0.16*** (0.03)	−0.11*** (0.03)	−0.14*** (0.03)	−0.11*** (0.07)	−0.14*** (0.04)	−0.14*** (0.04)
婚姻状况	−0.23*** (0.05)	−0.18*** (0.06)	−0.22*** (0.06)	−0.20*** (0.10)	−0.30*** (0.11)	−0.31*** (0.11)
社会地位	−0.08 (0.07)	−0.13 (0.09)	−0.14 (0.09)	−0.17* (0.07)	0.02 (0.12)	0.03 (0.12)
西部地区		0.26*** (0.07)		0.27*** (0.08)		0.12 (0.10)

续表 5-16

被解释变量	全国多维贫困		农村多维贫困		城镇多维贫困	
	(1)	(2)	(3)	(4)	(5)	(6)
中部地区		0.05		0.05		−0.07
		(0.07)		(0.07)		(0.11)
社区环境		−0.18***		−0.14**		0.48
		(0.05)		(0.06)		(0.37)
人均转移性支出		−0.27*		−0.29*		−0.13
		(0.16)		(0.17)		(0.18)
社区地貌		0.16***		0.13***		
		(0.03)		(0.03)		
距离县城距离		0.00***		0.00***		
		(0.00)		(0.00)		
常数项	−4.29***	−3.80	−4.99***	−3.25	−0.06	0.77
	(1.60)	(2.33)	(1.93)	(2.44)	(3.05)	(3.38)
Wald chi2(13)	322.95	285.85			55.35	64.41
Prob>chi2	0.00	0.00	0.00	0.00	0.00	0.00
样本量	11 132	11 132	6 137	6 090	4 995	4 995

注：*** $p<0.01$，** $p<0.05$，* $p<0.1$；表中括号中给给出的是系数的稳健标准误。

虽然大部分学者使用 Logit 回归模型研究老年人多维贫困的致贫因素，但也有部分学者使用 Probit 模型研究多维贫困的致贫因素（谢昌凡等，2020）。表 5-16 所示为 Probit 基准回归结果和异质性检验结果。实证结果表明，使用 Probit 模型得出的结果与 Logit 模型相似。Logit 模型的边际效应、准 R^2 以及正确预测比率与 Probit 模型基本一致，两者的估计系数虽然有一定的差距，但估计系数并没有可比性。通过表 5-16 可以比较分析不同变量对老年人多维贫困产生的正负影响。在 Probit 回归模型中，年龄对农村老年人的多维贫困有正向影响，回归系数非常显著，对城镇老年人有负向影响，但回归系数不显著。教育水平、婚姻状况对农村和城镇老年人均有负向影响，而且回归系数非常显著，说明提高教育水平和保障老年人的婚姻幸福对减少老年人多维贫困均有效。社区环境和人均转移性支出对农村老年人多维贫困有负向影响，社区环境越好，人均转移性支出越多，老年人陷入多维贫困的可能越低。而地形地貌、距县城距离对老年人多维贫困影响显著为正，说明山地、距离县城越远的老年人多维贫困情况越严重，需要国家在实施巩固脱贫攻坚成果，实现乡村振兴战略时，关注偏远山区的老年人多维贫困。

第二种是选取变量和回归方法不变的情况下，使用 CHIP 2013 农村数据进行稳健性检验。表 5-17 所示为 2013 年农村老年人的回归结果。结果发现，2013 年各解释变量对老年人多维贫困的影响与 2018 年结果相似，大部分变量仍然非常显著。年龄、户口、中西部地区、地貌、距离县城距离对老年人多维贫困有显著正向影响，教育水平、健康情况和社区环境对老年人多维贫困有显著负向影响。比较这两年的回归结果，2013 年的婚姻状况对老年人陷入多维贫困有负向影响，但不显著。2013 年的社会地位变量对老年人多维贫困有显著的负向影响，也就是说社会地位比较高的老年人更不容易陷入多维贫困，而这一变量在 2018 年的老年人是否陷入多维贫困影响因素中仍为负向影响，但系数不显

表 5-17　2013 年农村老年人的回归结果

被解释变量	回归系数 (1)	汇报比 (2)	边际效应 (3)	Probit 结果 (4)
年龄	0.02*** (0.01)	1.02*** (0.01)	0.00*** (0.00)	0.02*** (0.00)
教育水平	−0.30*** (0.05)	0.74*** (0.04)	−0.05*** (0.01)	−0.17*** (0.03)
婚姻状况	−0.04 (0.09)	0.97 (0.08)	−0.01 (0.02)	−0.03 (0.05)
社会地位	−0.40*** (0.14)	0.67*** (0.09)	−0.06*** (0.02)	−0.23*** (0.08)
西部地区	0.72*** (0.10)	2.06*** (0.21)	0.13*** (0.02)	0.41*** (0.06)
中部地区	0.74*** (0.09)	2.09*** (0.19)	0.13*** (0.02)	0.41*** (0.05)
社区环境	−0.75*** (0.08)	0.47*** (0.07)	−0.12*** (0.01)	−0.44*** (0.04)
社区地貌	0.37*** (0.05)	1.44*** (0.04)	0.06*** (0.01)	0.21*** (0.03)
距离县城距离	0.01*** (6.64)	1.01*** (0.00)	0.00*** (0.00)	0.01*** (0.00)
常数项	−3.84*** (0.45)	0.02*** (0.01)		−2.25*** (0.26)
Wald chi2(13)	782.43	949.49		835.05
Prob>chi2	0.00	0.00		0.00
样本量	5 783	5 783	5 783	5 783

注：*** $p<0.01$，** $p<0.05$，* $p<0.1$。

著。结果表明,随着老年人收入水平和生活质量的提高,社会地位对老年人多维贫困的影响减小。

如表 5-17 所示,地区变量对老年人陷入多维贫困的可能性影响最大,西部地区老年人陷入多维贫困的可能性是其他地区的 2.06 倍;社区地貌的概率比最小为 0.47,即地势从山地到平原,每增加一个等级,老年人的多维贫困下降 53%。教育水平、婚姻状况、社会地位都是减少农村老年人多维贫困的重要因素。

5.7　本章小结

本章主要从静态和动态的角度测算了我国老年人多维贫困情况,并按地区、年龄、收入等维度进行子群分解。通过 2013 年和 2018 年的截面数据比较发现,我国老年人的多维贫困有明显减少,贫困发生率快速下降,并且这一结果非常稳健。进一步证实,我国的"两不愁,三保障"等精准扶贫政策不仅减少了收入贫困,对老年人多维贫困的减少也成效显著。从目前来看,我国老年人多维贫困仍然存在城乡差距,西部山地、丘陵地区的农村老年人的多维贫困最为严重。在现有指标体系下,城镇老年人多维贫困基本解决,农村老年人的多维贫困仍需要持续关注。

为了减少分组测算中的数据选择偏误,笔者对老年人多维贫困影响因素进行了简单的回归分析。在致贫因素分析中,城乡老年人存在异质性。农村老年人受到个体年龄、户口、婚姻状况、教育水平、社区环境、地形地貌、距县城距离等因素非常显著。年龄与老年人多维贫困呈倒 U 形的非线性关系,年龄平方结果显著,但系数较小。总之,年龄越大,老年人陷入多维贫困的可能性越大。教育水平、婚姻状况、社区环境等变量与老年人多维贫困呈负相关关系,地形地貌、距县城距离等变量与老年人多维贫困呈正相关关系,也就是说居住在山地地区、西部地区的农村老年人多维贫困更严重。而城镇老年人多维贫困影响因素中,只有教育状况、婚姻水平等因素影响显著。综上所述,教育水平、婚姻状况是影响老年人多维贫困的重要因素。

第 6 章　老年人长期多维贫困测算及致贫原因分析

本章对老年人多维贫困的研究是从暂时(静态)扩展到长期,来考察老年人多维贫困的变动情况,以及对老年人多维贫困群体的精准识别,并分别阐述城乡分组的老年人情况,比较分析城乡差异。利用 CFPS 2010—2018 追踪数据,构建长期多维指标体系对老年人多维贫困状况进行测算,并分析老年人在不同时期的多维贫困变动情况。长期多维贫困测算法是在 AF 法的基础上,引入 Foster(2009)的贫困持续时间分析法,进行长期多维贫困指数的测算和分解。与 AF 法相比,长期多维贫困测算法的最大优势是可以测算整个时期内老年人多维贫困的平均被剥夺程度、平均深度和持续时间。另外,利用长期多维贫困指数法和 CFPS 历年追踪数据进行多维贫困测算,可以对老年人进入和退出多维贫困进行动态监测,实现对脆弱性贫困人群的精准识别,并预防该部分群体和已脱贫群体由于特殊情况返贫。在致贫因素实证研究中,利用多层 Logit 回归模型对老年人多维贫困情况进行分析。该模型可以用来解决面板数据中个体特征、家庭特征、地区特征等存在的数据嵌套问题,也可以减少微观变量和宏观变量之间内生性问题。

6.1　引言与文献综述

目前,多维贫困研究主要集中在对一般群体的长期多维贫困现状分析和致贫因素分析(郭熙保、周强,2016;张全红等,2017;侯亚景,2017)。在特殊群体多维贫困研究上,有不少学者对儿童的长期多维贫困进行了研究(葛岩等,2018;宋扬、刘建宏,2019),而针对老年人长期多维贫困研究则较少。

在动态研究方法上，已有研究文献主要思路是利用微观追踪数据，测算在不同时间点下多维贫困指数和各项指标在整个周期内的变动，并分析动态多维贫困的影响因素，以及评估政策对多维贫困的动态影响（沈扬扬等，2018）。Yu(2013)使用 CHNS 2000—2009 数据，利用 AF 法，测算发现中国的多维贫困呈下降趋势，贫困家庭的比例从 2000 年的 31.65%下降到 2009 年的 5.08%。分城乡看，城镇的贫困发生率从 2000 年的 23.4%下降到 2009 年的 4%，农村的贫困发生率从 2000 年的 36.28%下降到 2009 年的 6%，农村贫困发生率下降比城镇快，但农村的绝对贫困人口仍是城镇的 1.5 倍，农村的多维贫困指数下降比城镇快，但农村的多维贫困指数仍为城镇的 2 倍。从不同维度来看，农村地区的教育剥夺率较高，贫困发生率也较高，对多维贫困有较高的贡献度。分省份看，辽宁、江苏和山东的多维贫困指数最低；湖南、广西和贵州的多维贫困指数最高，分别为 0.031、0.045 和 0.051，这三个省份的贫困发生率也较高。然而，河南省的多维贫困发生率较高，但多维贫困指数较低，出现不一致的现象。沈扬扬等(2018)测算了 1995—2013 年我国农村地区多维贫困的跨期变化。实证发现，整体来看，农村多维贫困状况得到很大缓解，我国的多维贫困下降幅度超过 90%。张昭、杨澄宇(2020)使用历年 CFPS 数据，测算了农村多维贫困以及老年人多维贫困指数并进行子群动态分解，发现教育和就业维度的贫困下降对多维贫困指数的影响最大，对收入、健康维度的影响较小。

在长期多维贫困研究中，郭熙保、周强(2016)将 AF 法与持续时间分析法结合，构建了长期多维贫困测算方法。利用 CHNS 2000—2011 数据，从截面数据和面板数据两个方面对我国长期多维贫困情况进行测算。结果表明，长期多维贫困指数不仅可以反映贫困家庭的贫困发生率和贫困程度，还可以得到贫困家庭陷入贫困的平均持续时间。城乡对比发现，农村家庭长期多维贫困发生率更高，但当时间临界值延长后，城市的贫困程度反而比农村更严重，城镇的长期多维贫困问题不能忽视。葛岩等(2018)研究了儿童长期多维贫困，使用 CHNS 2000—2011 的调查数据，利用 AF 法和持续时间分析法，从动态视角构建长期多维贫困指数来反映儿童的贫困状况。结果表明，随着儿童贫困临界值的提高，全国、城镇和农村的儿童长期多维贫困发生率在逐渐下降，即在一个较长的时期，这些儿童被界定为长期多维贫困的比重在逐渐降低。从数据看，当多维贫困的标准值为 0.3，贫困的持续时间为 3 期时，全国有 49.55%的儿童被识别为长期多维贫困，并且农村儿童的长期多维贫困比例比全国平均水平和城市高出很多；在多维贫困的指标中，入学率、家庭关爱、时间自由和信息等指标对儿童贫困的贡献率超过 70%，是导致儿童陷入多维贫困的主要指标。从不同年龄的贫困程度看，老年人的贫困程度要更高。

本章主要从老年人的角度出发对他们长期多维贫困现状和致贫因素进行分析。结果发现,老年人等特殊群体不仅在收入贫困人口中的占比较高,在多维贫困人口中的占比也较高。随着人口老龄化的加剧,老年人的贫困问题愈加严重。我国 2020 年后巩固脱贫攻坚成果任务中,明确了需要对"易贫返贫"人口进行动态监测,老年人长期多维贫困指标体系和程度的研究十分必要。

6.2 测算方法与数据来源

6.2.1 测算方法介绍

长期多维贫困的测算方法主要是以 Alkire 和 Foster(2007)的 AF 法和 Foster(2009)的贫困持续时间分析法为基础构建的。本书使用的方法也是在此基础上,借鉴郭熙保、周强(2016)的长期贫困建模方法。该方法的核心就是在多维贫困测算法中"双临界值"基础上增加持续时间临界值,最后变为"三临界值"。首先,需要确定每个指标的剥夺临界值,以及多维贫困最低剥夺得分临界值,确定每个个体在每个年份的多维贫困情况。然后,判断个体在整个调查时间周期中是否存在长期多维贫困时,需要加入持续时间临界值 τ,至少存在一定比例时间 τ 属于多维贫困状态,则个体被界定为长期多维贫困。当然,非长期多维贫困也可能会存在某个时点的多维贫困,只是被判定为多维贫困的次数没有超过持续时间临界值就不属于长期多维贫困。具体的公式如下:

$$M_1^c = H_1^c \times A_1^c \times D_1^c \tag{6-1}$$

式中:M_1^c 代表长期多维贫困指数;H_1^c 代表长期多维贫困发生率;A_1^c 代表长期多维贫困程度;D_1^c 代表平均贫困持续时间。

6.2.2 数据和样本介绍

本章对老年人长期多维贫困的研究主要使用的是中国家庭追踪调查 CFPS 2010—2018 数据。该数据是以 2010 年为基线调查,在此基础上每两年进行一次追踪调查,截至 2020 年已经进行了 5 期,形成了 2010—2018 年的面板数据。该数据的最大优势是对个体或家庭进行长期追踪,可以观察老年人的长期多维贫困变化,对其进入和退出多维贫困进行精准识别和动态监测;同时,也可以用来分析不同指标的贫困发生率,以及每个指标遭受剥夺的持续时间。这有利于找到脱贫攻坚和巩固脱贫成果的薄弱环节，预防已脱贫人口的返贫，最终为构建多层次的社会保障体系提供政策建议。

本书选取 CFPS 2010—2018 共计 5 次调查数据，由于该数据存在跨度大、周期长的特点，一些个体或家庭会出现进入和退出调查的情况，会使 CFPS 的样本出现分散程度扩大的问题。例如，基线调查样本分布于 161 个县（区）和 649 个村（居），到 2018 年，样本分布在 900 多个县，3 000 多个村（居）。通过全国范围内的数据收集、电话访问、家人代答等方式进行补充，实现了对样本的持续追踪。CFPS 2018 完成了 15 000 个家庭的调查，采集个人问卷 44 000 份。CFPS 2018 家庭层面截面完访率为 69.3%，跨轮追踪率为 86.6%。个人样本的截面应答率为 67.4%，跨轮追踪率为 80.8%。与英国家庭追踪调查相比，已经处于较好的追踪水平。在数据处理中，本书坚持无缺失值和有效性的原则对数据进行选取，并且主要对目前年龄超过 60 岁（基线调查时年龄也在 50 岁及以上）的老年人进行多维贫困测算，该部分群体受样本流动性影响相对较小。

本章长期多维贫困选取的样本来自 CFPS 调查中 2010 年、2012 年、2014 年、2016 年、2018 年追踪数据，基于有效性和无缺性的原则，最终整理出研究老年人长期多维贫困的面板数据。经过数据处理后，2010—2018 年的面板数据共有家庭样本 45 365 个，户主男女性别比例为 1.48∶1，东部、中部、西部地区占比分别为 43.62%、30.02%、26.36%。户主为老年人的样本 14 104 个，其中农村样本 7 845 个、城镇样本 6 059 个。

6.3　老年人长期多维贫困测算结果

6.3.1　长期多维贫困指标体系

进行老年人长期多维贫困测算需要构建多维贫困指标体系，主要依据的原则有两个：一是以暂时多维贫困为基础的原则，尽量保证核心指标与静态多维贫困的测算指标一致，便于比较分析；二是由于使用的是 CFPS 微观数据，时间跨度长，每一期都会有部分变量更替，在选取指标时已经尽量满足指标的持续性原则。表 6-1 所示为长期多维贫困的指标体系。从健康状况、经济水平、生活标准和主观感受等维度构建了包含健康状况等 10 个指标的长期多维贫困指标体系。

表 6-1　老年人长期多维贫困指标体系情况

维度	指标	剥夺临界值	权重
健康状况(1/4)	健康状况	身体健康程度大于3为1,否则为0	1/8
	医疗保险	没有医疗保险为1,否则为0	1/8
经济水平(1/4)	人均收入	低于官方贫困线标准为1,否则为0	1/8
	养老保险	没有养老保险为1,否则为0	1/8
生活标准(1/4)	电力	没有通电为1,否则为0	1/16
	饮用水	无法饮用安全饮用水为1,否则为0	1/16
	炊用燃料	以柴草作为炊用燃料为1,否则为0	1/16
	资产	家庭小资产少于或等于一项(例如:电视、摩托车和冰箱等)为1,否则为0	1/16
主观感受(1/4)	安全感	相信程度为非常不相信和比较不相信为1,否则为0	1/8
	幸福感	非常不幸福和比较不幸福为1,否则为0	1/8

注:关于生活满意度指标,由于CFPS数据中幸福感的测算存在某些年份的缺失,在构建指标体系时选用近似的生活满意度来代替(种聪、岳希明,2020);关于家庭小资产指标,由于2016年和2018年的资产数量相关变量的缺失,将家庭资产为0作为资产指标贫困的临界值。

从表6-1可以看出,长期多维贫困指标选取的维度、定义和权重。从指标的选取来看,主要遵循的是联合国开发署的MPI指数,因为该指数的设定主要依据联合国可持续发展目标,充分体现了人的发展能力,同时也融入了我国的“两不愁,三保障”的精准扶贫策略,又考虑了数据的可得性。具体来看,健康维度主要是健康状况和医疗保险2个指标,健康状况的定义是被调查者自我汇报的健康状况,这是对个体健康水平的基本判断,反映了个体的基本生存权利是否被剥夺,是否拥有医疗保险体现了个体享受医疗的权利。我国的医疗保险尤其是新型农村合作医疗保险和城乡居民医疗保险,经历了从无到有的过程。通过该指标可以体现人民是否享受到医疗改革带来的生存权利,也反映了我国医保制度改革的瞄准率和覆盖率。经济水平维度主要包括人均可支配收入和养老保险2个指标。人均收入是指人均可支配收入,当人均可支配收入低于当年的贫困线时被界定为收入剥夺。而对于老年人来说,是否拥有养老保险更加体现了个人是否存在获取收入能力的剥夺。生活标准维度主要包括维持生存的必需品,如饮用水、电、炊用燃料等,已有研究在该指标的选取上争议较小。主观感受维度得到越来越多的关注,主要指标是老年人幸福感和安全感。尤其是随着人们生活水平的提高,基本的生存需求的权利剥夺快速下降,而在情感、情绪等指标的剥夺逐渐增加。无论城镇还是农村的老年人均面临着子女不在身边的现象，留守老人的孤独、压抑等方面的问题凸显。

对于权重的设定，本章仍然使用前两章的等权重法。已有研究认为该方法有可能会影响指标的重要性，但这对总体贫困变化的影响较小，而且最大的优势是可以将各期的多维贫困结果进行比较分析（郭熙保、周强，2016），还可以通过对权重的稳健性检验来降低结果的不确定性（沈扬扬等，2018）。

6.3.2　长期多维贫困测算结果

在判断个体是否存在长期多维贫困时，需要加入持续时间临界值 τ，即至少存在一定比例时间 τ 属于多维贫困状态，则个体被界定为长期多维贫困。可以根据 τ 的大小来判断多维贫困持续的时间。表 6-2 所示为在不同时间临界值 τ 下的全国、农村、城镇的老年人长期多维贫困测算结果，其中 τ 分别为 1/5、2/5、3/5、4/5、1。

表 6-2　不同时间临界值下的老年人长期多维贫困测算结果

临界值	贫困指数	全国	农村	城镇
$\tau=1/5$	M_1	0.066 7	0.092 9	0.033 5
	H_1	0.478 4	0.631 2	0.280 8
	A_1	0.379 6	0.381 0	0.380 3
	D_1	0.367 0	0.386 4	0.313 3
$\tau=2/5$	M_1	0.049 5	0.072 4	0.020 3
	H_1	0.240 9	0.346 2	0.103 2
	A_1	0.386 3	0.387 2	0.388 0
	D_1	0.531 6	0.539 9	0.508 3
$\tau=3/5$	M_1	0.029 2	0.044 4	0.010 5
	H_1	0.107 4	0.164 0	0.037 2
	A_1	0.391 0	0.389 6	0.403 8
	D_1	0.695 2	0.695 2	0.700 0
$\tau=4/5$	M_1	0.013 8	0.020 7	0.005 1
	H_1	0.040 3	0.060 0	0.015 8
	A_1	0.400 8	0.400 8	0.399 0
	D_1	0.853 5	0.860 4	0.836 4
$\tau=1$	M_1	0.004 4	0.007 4	0.001 1
	H_1	0.010 8	0.018 1	0.002 9
	A_1	0.408 6	0.410 9	0.381 3
	D_1	1.000 0	1.000 0	1.000 0

注：表中主要指标有长期多维贫困指数（M_1）、长期多维贫困发生率（H_1）、长期多维贫困程度（A_1）、平均贫困持续时间（D_1）。

数据来源：根据 CFPS 2010—2018 数据测算得出。

通过临界值的大小，也可以界定老年人的多维贫困严重程度，主要分为暂时长期多维贫困、普通长期多维贫困、极端长期多维贫困。通过界定长期贫困的严重程度有利于实现对老年人多维贫困的精准识别，有利于建立和完善老年人多维贫困的动态监测机制。

根据时间临界值 τ 的不同，可以将长期贫困进一步划分为三种类型：当 τ 值为 1/5 时，老年人属于暂时长期多维贫困，在整个时期内的多维贫困情况不算严重；当 τ 值为 2/5 或 3/5 时，老年人属于普通长期多维贫困；当 τ 值大于等于 4/5 时，老年人属于极端长期多维贫困，即在整个时期内都存在多维贫困，说明老年人在整个周期内都处于多维贫困的状态。随着时间临界值 τ 的变动，可以得到老年人长期多维贫困的变动情况，包括老年人进入或退出多维贫困以及贫困持续时间的动态变化。从表 6-2 可得出 2010—2018 年不同时间临界值的老年人长期多维贫困情况，并可通过分解得到城乡老年人在长期多维贫困中的差距。最为重要的指标为长期多维贫困指数（M_1），它综合反映了老年人是否存在长期的能力剥夺。整体来看，随着 τ 值的增加，老年人长期多维贫困指数逐渐下降，从 0.066 7 下降到 0.004 4；长期多维贫困发生率（H_1）也呈下降趋势，从 47.84%下降到 1.08%；平均贫困持续时间（D_1）呈上升趋势，从 0.367 0 上升到 1.000 0。

为了比较分析农村和城镇老年人多维贫困的差异，笔者按城乡分解不同时间临界值下的老年人长期多维贫困情况。比较分析可得，随着时间临界值的增加，无论是农村还是城镇老年人的长期多维贫困指数（M_1）和长期多维贫困发生率（H_1）均呈下降趋势。但农村老年人的长期多维贫困发生率明显高于城镇，尤其是在临界值最小的时候，贫困发生率的差距最大，达到 35.04%（63.12%－28.08%），而当时间临界值增加时，这种差距逐渐缩小。主要原因是农村和城镇在经济发展水平、医疗、养老、教育等方面存在差距，农村老年人抵抗陷入贫困风险的能力低于城镇老年人。尤其是老年人随着年龄的增加，患重大疾病的风险增加，健康问题日益凸显，农村老年人得到的医疗和养老等转移性收入较低，导致老年人容易陷入暂时多维贫困之中。而城镇老年人的社会保障体系比较完善，抗风险能力明显高于农村老年人，暂时性多维贫困的发生率也就较低。随着我国农村社会保障制度的不断完善和基本公共服务水平的提高，以及“两不愁，三保障”等精准扶贫政策的实施，农村老年人长期多维贫困的概率逐渐缩小，与城镇老年人的差距也逐渐缩小，因此老年人存在极端多维贫困的情况也比较少。

城乡老年人的长期多维贫困程度（A_1）变动趋势也存在明显差异。随着时间临界值 τ 的增加，农村老年人长期多维贫困程度逐渐增加，从 $\tau=1/5$ 时的 0.381 0 上升到 $\tau=3/5$ 时的 0.389 6，最后当 $\tau=1$ 时为 0.410 9，城镇老年人长期多维贫困程度呈先增加后下降的倒 U 形趋势，在 $\tau=3/5$ 时达到最高，为 0.403 8。对比发现，城乡老年人在 $\tau=3/5$ 时存在明显的交叉。农村老年人这种变动趋势的主要原因是收入的不稳定，家庭负担比较重，健康状况比较差等。城镇老年人的这种变动趋势的原因比较复杂，主要原因是城镇老年人享受到一定的养老和医疗保障，暂时多维贫困程度低于农村老年人，随着时间临界值的增加，受到健康状况等因素的影响，城镇老年人的长期多维贫困程度逐渐加大；但当城镇老年人面临极端贫困时，城镇低保等救济制度又会发挥作用，保障老年人维持基本生活水平。从平均贫困持续时间的变动趋势来看，城乡老年人不存在明显的差距。

总体来说，目前农村老年人的长期多维贫困情况比城镇老年人更为严重，要从缩小城乡居民之间的收入差距、基本公共服务均等化、社会保障制度的完善等方面进行多维减贫，提升老年人的内生动力，丰富老年人的精神生活。当然，在加大农村老年人多维扶贫时，也要对城镇老年人的基本生活给予保障和支持。

6.3.3　各项指标的贫困发生率

各项指标的贫困情况直接影响长期多维贫困指数和贫困发生率等指标。表 6-3 所示为各项指标在整个时期内的贫困发生率均值情况。整体来看，健康状况、养老保险、人均收入和炊用燃料的长期贫困发生率比较高。农村地区大部分指标的长期贫困发生率高于城镇地区。农村和城镇差异最大的指标为炊用燃料指标，差异最小的为电力指标。除了健康状况、养老保险、人均收入、炊用燃料等指标贫困发生率较高之外，安全感和幸福感等主观感受指标的长期贫困发生率也比较高(表 6-3)。主要原因是随着大量的农村劳动力外出打工，农村留守老人存在严重的情感剥夺，表现为缺少陪伴导致的孤独感、对别人的不信任感(对别人缺乏安全感)、心理疾病等，更会出现老年人对未来的信心缺失(解垩,2015)。随着农村老年人生活水平的逐渐提高，其主观感受维度的剥夺应该更受重视。

如表 6-3 所示，以电力、饮用水、资产等为主的生活标准指标的长期贫困发生率比较低。随着我国精准扶贫政策的实施和社会保障体系的不断完善，老年人的收入水平逐渐提高，基本的生活需求得到满足，所以老年人在生活标准指标的长期贫困发生率较低。但农村老年人炊用燃料指标的贫困发生率最高，农村仍然存在大量老年人以柴草作为主要燃料。主要原因是老年人的收入水平较低，使用其他燃料会增加老年人的消费支出。应该鼓励和保障有条件的农村老年人使用天然气、电力等燃料，少使用柴草，这样既有利于保护环境，又有利于保障人身安全。

表 6-3　各项指标的长期多维贫困发生率

指标	全国	农村	城镇
健康状况	29.85	34.04	24.55
医疗保险	8.95	7.61	10.28
养老保险	22.57	24.89	19.70
人均收入	18.68	26.90	8.62
电力	3.51	4.19	2.64
饮用水	3.89	6.56	0.92
炊用燃料	37.75	54.95	15.82
资产	6.53	9.10	3.95
安全感	8.25	8.76	7.99
幸福感	8.56	9.40	7.61

数据来源：根据 CFPS 2010—2018 数据测算得出。

6.3.4　各地区的长期多维贫困

我国不同地区存在经济发展水平、城镇化水平、自然条件等差异，各地区老年人长期多维贫困可能会存在不同。表 6-4 所示为按地区分组的全国、农村、城镇老年人长期多维贫困指数和贫困发生率。当时间临界值 $\tau=2/5$ 时，东部地区的老年人长期多维贫困指数和发生率最低，西部地区的长期多维贫困指数和发生率要高于东部地区，西部农村地区的长期贫困指数和发生率最高，多维贫困情况最为严重，需要在今后巩固脱贫成果工作中给予更多的关注和支持。

表 6-4　全国、农村、城镇不同地区的老年人长期多维贫困情况

地区	贫困指数	全国	农村	城镇
东部	M_1	0.043 7	0.075 8	0.017 1
	H_1	0.204 2	0.335 2	0.092 2
中部	M_1	0.049 7	0.060 6	0.030 8
	H_1	0.251 4	0.315 3	0.138 9
西部	M_1	0.062 9	0.084 0	0.015 3
	H_1	0.313 0	0.411 5	0.084 9

注：表中 M_1 为长期多维贫困指数，H_1 为长期多维贫困发生率。

数据来源：根据 CFPS 2010—2018 数据测算得出。

表 6-4 所示为东部、中部、西部地区老年人的长期多维贫困情况，并可以按农村和城镇进行比较分析。从东部、中部、西部的老年人长期多维贫困比较来看，东部地区的长期多维贫困指数最低，为 0.043 7，西部地区的长期多维贫困

指数最高，为 0.062 9，是东部地区的 1.4 倍。东部地区的长期贫困发生率最低，为 20.42%；西部地区最高，为 31.30%，西部地区是东部地区的 1.5 倍。从城乡对比来看，农村的长期贫困指数远高于城镇，西部地区城乡差距最大，中部地区城乡差距最小。

6.3.5　稳健性检验

笔者对老年人长期多维贫困的结果进行了稳健性检验。一般稳健性检验采取的方法是扩大样本量、更换核心指标、改变权重等。本书使用的方法是变换样本容量法，主要原因是选取的样本时间跨度大，调查次数多，在进行多维贫困测算时只保留了参加了全部 5 次调查的老年人（即 2010 年调查时年龄在 60 岁及以上的老年人），参加部分调查的老年人的样本数据被删除。某些老年人虽然只参加了部分调查，但在调查期内仍然存在长期贫困。因此，需要将这部分老年群体加入整个样本中进行测算。实施策略一是将 2010 年数据中年龄大于 56 岁的老年人纳入长期多维贫困测算之中，实施策略二是将只参加部分调查的老年人纳入长期多维贫困测算之中，需要满足的要求是这些老年人的多维贫困期数超过时间临界值 $\tau=2/5$。表 6-5 所示为两种策略下的老年人长期多维贫困测算结果。

表 6-5　扩大样本后的老年人长期多维贫困结果

不同分组情况	多维贫困指数	策略一	策略二
全国	M_1	0.046 9	0.042 9
	H_1	0.228 9	0.204 4
	A_1	0.386 3	0.385 9
	D_1	0.530 0	0.544 2
农村	M_1	0.068 3	0.060 6
	H_1	0.324 2	0.280 0
	A_1	0.387 1	0.386 3
	D_1	0.544 2	0.559 9
城镇	M_1	0.019 9	0.020 2
	H_1	0.104 6	0.099 0
	A_1	0.388 1	0.387 5
	D_1	0.489 7	0.525 3

注：表中主要指标有长期多维贫困指数（M_1）、长期多维贫困发生率（H_1）、长期多维贫困程度（A_1）、平均贫困持续时间（D_1）。

数据来源：根据 CFPS 2010—2018 数据测算得出。

表 6-5 所示为扩大样本后的老年人长期多维贫困情况，可以发现两种策略下的长期多维贫困指数和贫困发生率略有下降，主要原因是样本量增加的这部分老年人的多维贫困并没有明显增加，最终导致贫困发生率有所下降。

6.4 老年人长期多维贫困致贫原因分析

6.4.1 模型介绍和计量策略

在实证分析中，如果每个变量都可以满足独立性假设(IIA)，则可以使用多项 Logit、条件 Logit 或者混合 Logit 模型。但由于在社会调查微观数据中往往存在个体、社区(村居)、地区等多层次的嵌套数据，例如，个体存在于家庭之中，家庭存在于社区之中，社区又是地区的组成部分；抑或微观数据中既有个体特征变量，又有社区特征变量，而个体特征变量与社区特征变量存在相关性，即社区特征变量会影响个体特征变量。目前的方法有三种：第一种是将个体特征变量进行集合变成社区均值数据，并与已有的社区特征变量进行回归分析，但是这种方法忽视了个体差异对被解释变量的影响。第二种是基于个体水平进行回归分析，将个体特征变量与社区特征变量直接合并，并不区分高层次或者低层次，这种做法又会忽略群体差异的影响。第三种就是多层模型分析法，该方法的优点是可以很好地回答哪些个体特征变量会对被解释变量产生影响，哪些社区变量会对被解释变量产生影响，以及进行个体变量和社区变量的影响机制分析；可以回答个体变量与被解释变量的关系是否会随着社区变量的变化而改变；可以回答社区变量与个体变量的相关性，以及对个体特征变量的调节机制等。

多层模型又称为随机系数模型，该模型最早始于 Lindley 和 Smith(1972)提出的多层线性模型的概念，经过 20 年的发展，到 20 世纪 90 年代已经形成了系统和完整的理论和方法(杨菊华，2015)。多层模型的分类：根据被解释变量的特点不同，多层模型可以分为多层线性模型和多层非线性模型；根据层次的差异，多层模型可以分为二层线性或非线性模型，三层线性或非线性模型①。多层模型的应用条件有两个：一是数据包括不同的层次，如个体、家庭、社区、城乡等；二是需要使用追踪数据，即同一个体在不同的时期被重复调查，得到多期的

① 对微观数据进行分层时，可以将调查年份作为最低层数据来处理。

面板数据。

首先对多层空模型进行 ICC 检验(用来检验各变量的独立性),显示层次变量的变异系数显著不等于 0,说明因变量受到群体影响,应该使用多层模型(杨菊华,2015;郭熙保、周强,2016;侯亚景,2017)。因此,本节使用的是多层 Logit 模型(也称嵌套 Logit 模型)。多层 Logit 模型是为了满足一些解释变量比较相似,但当各变量独立假设不能满足的情况,因而将相似的变量放在一层,可以允许同层的方案相关,不同层的变量相互独立。低层次组的变量只随该层次的系数变动,而高层次组的变量随本层系数改变,也随低层次组系数改变。本节选取的 CFPS 数据变量存在明显的层次结构,可以明显区分个体、家庭、社区、城乡地区等层次。由于该模型的被解释变量为二值选择变量,即老年人是否存在长期多维贫困,如果是则为 1,否则为 0,笔者使用多层 Logit 随机截距模型进行回归分析。具体公式如下:

$$\mathrm{Logit}(\pi_{ij})=\log\left(\frac{\pi_{ij}}{1-\pi_{ij}}\right)=\beta_0+\beta_1 x_{1ij}+u_j+e_{ij} \tag{6-2}$$

式中:参数估计 β_0 是截距,随社区特征变量的变动而变动;β_1 是解释变量的系数,代表每一层的效果;x_{1ij} 为个体或家庭特征变量;u_j 为未被观察到的样本点层次的随机变量;e_{ij} 为个体特征变量的随机变量。

6.4.2　变量选取和描述性分析

本部分使用的数据来源于 CHIP 2013、CHIP 2018 的全国数据,在分组回归中用到了城镇和农村数据。解释变量选取了家庭特征、社会特征等层次变量。被解释变量为老年人是否存在长期多维贫困,时间临界值 τ 为 2/5,即老年人如果在 5 期数据中存在任意 2 期的多维贫困情况则被界定为长期多维贫困,否则为非长期多维贫困。其中个体特征包括性别、年龄、教育水平等,家庭特征包括家庭规模、社会关系,社区特征包括社区设施、交通情况、所属地区等。

表 6-6 所示为各变量的描述性分析结果。首先考虑了以老年人为户主的特征,包括户主性别变量、教育水平等。然后考察了家庭特征,包括家庭人口规模、家庭的社会关系等,在选取社会关系变量时使用的是礼金折算对数(郭熙保、周强,2016)。在考察更高一层的变量时选择的是村或社区的非农户口占比情况,该变量体现了现有户籍制度下可能存在的城乡老年人的福利和权利剥夺。户籍制度改革和城镇化将拉近农村老年人与子女的距离,减少聚少离多的情况,提高老年人的生活水平和幸福感。而且,村或社区层面的非农户口占比对老年人贫困不仅在短期存在影响,对长期多维贫困的影响更加显著。主要的控制变量为户主的婚姻状况和家庭所在地区。

表 6-6 变量的定义和描述性分析

变量	定义	样本量	均值	方差	最小值	最大值
性别	户主男性=1	13 790	0.65	0.48	0	1
教育水平	分类变量	14 483	2	1.13	1	5
人口规模	家庭人口	14 202	3	1.68	1	14
年龄	户主年龄	14 104	68	6.31	60	110
婚姻状况	在婚=1	14 483	0.75	0.44	0	1
社会关系	礼金折算对数值	10 537	7.55	1.21	0	12.43
所属地区	东中西部	14 483	1.75	0.79	1	3
户籍制度	村/社区非农户口占比	14 096	0.278 7	0.37	0	1

注：教育水平为分类变量，共 5 个层次：1 代表文盲，2 代表小学，3 代表初中，4 代表高中和中专等，5 代表大专及以上。

数据来源：根据 CFPS 2010—2018 数据整理得出。

6.4.3 实证结果

根据多层 Logit 模型的使用要求，首先要检验模型中是否存在层次结构，因此对多层空模型进行 ICC 检验（检验群间变量的独立性），结果显示层次变量的变异系数显著不等于 0，说明因变量受到群体影响，应该使用多层模型。同时，空模型回归的 Log likelihood 值小于有解释变量的多层 Logit 模型，说明有解释变量的多层 Logit 模型拟合度更好。本书主要考虑多层 Logit 模型中随机截距模型。表 6-7 所示为老年人长期多维贫困回归结果，(1)(2)(3)列是主要回归结果，(4)(5)(6)列是稳健性检验结果。表 6-7 主要汇报了长期多维贫困的概率比。回归结果显示主要解释变量具有显著性，较好地回答了家庭特征变量与社区变量对老年人长期多维贫困的影响。各变量在二值面板 Logit 模型回归结果中系数仍然显著，说明模型具有稳健性。

如表 6-7 所示，(1)列为家庭特征变量基准回归结果，主要估计家庭特征对老年人长期多维贫困的影响；(2)列为加入社区特征变量后的回归结果，分析两层 Logit 模型中老年人长期多维贫困的影响因素；(3)列是将时间点作为最低层次回归结果，用来估计三层 Logit 模型中，时间对老年人多维贫困的影响。(4)(5)列是使用二值面板 Logit 模型的回归结果，用于比较分析不同模型对结果的影响是否存在明显差异。

表 6-7　老年人长期多维贫困回归结果

数据特征	变量	被解释变量：是否长期多维贫困				
		(1)	(2)	(3)	(4)	(5)
家庭特征	人口规模	0.94***	0.90***	0.90***	0.95***	0.90***
		0.02	0.02	0.02	0.02	0.02
教育水平	小学	0.71***	0.72***	0.67***	0.64***	0.65***
		0.05	0.05	0.06	0.06	0.06
	初中	0.48***	0.52***	0.48***	0.35***	0.44***
		0.04	0.05	0.05	0.04	0.05
	高中	0.40***	0.46***	0.41***	0.25***	0.35***
		0.06	0.07	0.07	0.04	0.06
	大学	0.21***	0.34***	0.28***	0.10***	0.23***
		0.06	0.10	0.10	0.03	0.08
社会关系	人均礼金支出	0.63***	0.66***	0.64***	0.63***	0.67***
		0.02	0.02	0.02	0.02	0.02
社区变量	非农户口占比		0.19***	0.17***		0.16***
			0.03	0.03		0.02
控制变量	婚姻状况	0.76***	0.85***	0.79***	0.64***	0.76***
		0.06	0.07	0.07	0.06	0.07
	东部	0.51***	0.61***	0.58***	0.53***	0.62***
		0.07	0.08	0.08	0.06	0.06
	中部	0.71**	0.81***	0.79**	0.77**	0.83*
		0.10	0.11	0.11	0.08	0.09
	截距	9.76***	10.67***	12.40***	9.70***	9.16***
		2.25	2.45	3.22	2.37	2.22
统计量	Log likelihood	−4 024.49	−3 906.73	−3 876.86	−4 105.46	−3 960.64
	Wald chi2	447.78	529.26	459.20	429.10	515.91
	Pro>chi2	0.00	0.00	0.00	0.00	0.00
	样本量	10 462	10 224	10 244	10 537	10 286
随机效应分析	一层随机参数	1.02	0.90	0.93		
	二层随机参数			0.91		

注：*** $p<0.01$，** $p<0.05$，* $p<0.1$。

从家庭特征来看，家庭人口规模与老年人长期多维贫困呈负向关系，家庭人口规模越大，老年人陷入长期贫困的可能越小。这与以往研究略有差异，主要是本研究对象从普通群体扩展到老年群体，家庭人口规模的增加有利于子女对老人的照料和经济支持，老年人陷入多维贫困的可能就会减小。并且随着城乡医疗和养老等保障性政策的实施，家庭中老年人口的增加也会提高家庭的转移性收入水平，也可以间接提高老年人长期的健康水平，减少老年人陷入长期多维贫困。在第7章，本书将会对家庭人口规模与社会保障对老年人多维减贫进行详细的讨论。从表6-7可知，家庭规模对被解释变量的概率比为94%，这就是说家庭人口规模的增加对老年人摆脱长期多维贫困的影响较小，仅为6%。

老年户主的受教育程度与家庭贫困呈显著的负向关系，即家庭户主的受教育程度越高，该老年家庭陷入长期多维贫困的可能性越小。例如，小学教育使老年人陷入长期多维贫困的概率下降29%，并且随着教育水平的提高，老年人陷入长期多维贫困的概率比不断下降。教育是一种长期人力资本，教育水平的提高不仅可以减少老年人陷入暂时多维贫困的可能，还可以从长期来提高家庭的人力资本水平，提高家庭成员的收入水平，减小不同群体之间的差距。

从家庭的社会关系特征来看，人均礼金支出的对数与老年人长期多维贫困呈负向关系，即人均礼金支出越多，老年人陷入多维贫困的可能越小，这一影响为27%。主要原因是人均礼金支出的规模可以体现家庭的社会关系，礼金支出规模越大，说明社会关系越丰富，有利于增加家庭收入水平和主观福利的改善。在以后的帮扶中，要重视老年人的社会关系参与，帮助老年人适应现在的生活方式和提高获得感。

从社区层面的非农户口占比的情况来看，是否加入非农户口占比对回归结果影响非常大。从(1)(2)列模型的回归结果中，一层随机参数的方差从1.02下降到0.90，说明可以有效地解释社区层次的不可观测因素对老年人长期多维贫困的影响。从表6-7可知，非农户口占比对老年人陷入长期多维贫困有显著负向影响。这种负向影响的机制主要是农村居民和城镇居民获得的养老保险、医疗保险等社会福利存在异质性，而且在生活的很多方面也存在明显差异。同时，户籍的划分导致劳动力流动，进而导致能力贫困的发生。总体来说，户籍制度造成了城乡之间的养老、医疗、教育等方面存在明显差距，这种差距会增加老年人陷入多维贫困的风险。

婚姻状况对老年人多维贫困有显著的负向影响。拥有婚姻的老年人陷入长期多维贫困的可能性要明显小于没有婚姻的老年人。尤其是对农村男性老年人来说，拥有稳定的家庭不仅在物质上更容易提高自身的生活水平，还可以在精神上提高老年人的幸福感和安全感，减少子女不在身边的孤独感。从老年人所属的地区来看，不同地区对老年人长期多维贫困影响显著，东部地区的老年人陷入多维贫困的可能性最小，西部地区老年人可能性较大。

(3)列模型考察了时间对老年人陷入长期贫困的影响,从二层随机截距模型转变为三层模型。而新增加的层次是将调查时点作为其中一个层次纳入分析中,涉及三个随机变量的估计。回归结果发现,各变量的概率比和显著性变动较小。(4)(5)列模型回归结果给出了使用普通的二值选择面板模型的回归结果,未考虑地区层面变量,结果发现回归概率比差异较小,在没有考虑层次结构的回归结果中,低估了户籍对老年人长期多维贫困的影响。

虽然多层 Logit 的回归系数的大小没有显著意义,但是回归系数的正负值代表了各变量对老年人长期多维贫困的影响方向,并且结果非常显著。表 6-8 所示为多层 Logit 的回归系数结果。回归结果发现,各变量的系数非常显著,很多变量的回归系数为负,说明该变量对老年人长期多维贫困有负向影响。

(1)列是基础回归结果,(2)列是加入层次变量后的回归结果,(3)列是加入时间趋势后的回归结果,(4)(5)列是 Logit 面板回归的结果。虽然回归系数的大小无法进行比较分析,但系数的正负值代表了各变量对老年人长期多维贫困的影响。整体来说,家庭规模、受教育水平、社会关系和社区非农户口比重与老年人长期多维贫困负相关,家庭规模越大、受教育水平越高、社会关系越多、社区或村居的非农户口比例越高,老年人长期多维贫困情况越轻。

表 6-8 老年人长期多维贫困回归系数

数据特征	变量	被解释变量:是否长期多维贫困				
		(1)	(2)	(3)	(4)	(5)
家庭特征	人口规模	−0.06***	−0.10***	−0.11***	−0.05**	−0.10***
		(0.02)	(0.02)	(0.02)	(0.02)	(0.02)
教育水平	小学	−0.34***	−0.34***	−0.40***	−0.45***	−0.43***
		(0.08)	(0.08)	(0.09)	(0.10)	(0.10)
	初中	−0.74***	−0.65***	−0.73***	−1.06***	−0.83***
		(0.09)	(0.09)	(0.11)	(0.12)	(0.12)
	高中	−0.92***	−0.78***	−0.90***	−1.39***	−1.06***
		(0.15)	(0.15)	(0.17)	(0.18)	(0.18)
	大学	−1.58***	−1.08***	−1.26***	−2.32***	−1.46***
		(0.31)	(0.31)	(0.34)	(0.35)	(0.35)
社会关系	人均礼金支出	−0.46***	−0.42***	−0.45***	−0.46***	−0.40***
		(0.03)	(0.03)	(0.03)	(0.03)	(0.03)
社区变量	非农户口占比		−1.66***	−1.77***		−1.85***
			(0.16)	(0.18)		(0.15)

续表 6-8

数据特征	变量	被解释变量:是否长期多维贫困				
		(1)	(2)	(3)	(4)	(5)
统计量	截距	2.28***	2.37***	2.52***	2.27***	2.22***
		(0.23)	(0.23)	(0.26)	(0.25)	(0.24)
控制变量	婚姻状况	−0.27***	−0.16**	−0.23**	−0.44***	−0.27***
		(0.08)	(0.08)	(0.09)	(0.09)	(0.09)
	东部	−0.67***	−0.49***	−0.54***	−0.64***	−0.47***
		(0.13)	(0.12)	(0.14)	(0.10)	(0.10)
	中部	−0.34**	−0.21	−0.23	−0.27**	−0.19*
		(0.14)	(0.13)	(0.14)	(0.11)	(0.10)
统计量	Log likelihood	−4 024.49	−3 906.73	−3 876.86	−4 105.46	−3 960.64
	Wald chi2	447.78	529.26	459.20	429.10	515.91
	Pro>chi2	0.00	0.00	0.00	0.00	0.00
	样本量	10 462	10 224	10 244	10 537	10 286
随机效应分析	一层随机参数	1.02	0.90	0.93		
	二层随机参数			0.91		

注:*** $p<0.01$,** $p<0.05$,* $p<0.1$。

6.4.4 稳健性检验

异质性检验是稳健性检验常用的方法。笔者主要对农村和城镇老年人的长期多维贫困的影响因素进行分组回归,比较各种变量对多维贫困影响存在的异质性。

1. 农村老年人实证回归结果

表 6-9 所示为各变量对农村老年人陷入长期多维贫困影响的实证回归结果。主要解释变量仍然选取的是家庭特征变量和社区变量,其中家庭特征变量主要是人口规模、教育水平、家庭社会关系等,社区变量是非农户口占比。控制变量是婚姻状况和家庭位置。被解释变量是老年人是否陷入长期多维贫困,属于二值选择变量,如果是长期多维贫困则为 1,否则为 0。[①] 多层 Logit 模型用概率比来衡量效应的大小。从 LR 统计量和对应的 P 值来看,模型的所有系数的联合显著性较高,说明回归结果非常显著,解释变量对被解释变量的概率比

① 判断老年人是否为长期多维贫困的跨期持续时间临界值为 2/5。

与全国差异较小，进一步说明主要解释变量非常稳定。

从家庭人口规模来看，家庭人口越多，农村老年人陷入长期多维贫困的可能越小。主要原因是人口规模较大的家庭，老年人可以获得的生活照料更多，生活水平和主观情感也会高于独居老人。因此，家庭规模越大，老年人抵抗多维贫困风险的能力越大，长期多维贫困的可能性越低。

从受教育程度来看，教育对长期多维贫困有显著的负向影响，农村老年人受教育程度越高，陷入长期多维贫困的风险越低。从教育等级来看，教育水平为初中和大学对老年人长期多维贫困影响最大，受到过初中教育的老年人陷入长期多维贫困的可能性要比受到小学教育的老年人低很多。

从社会关系来看，家庭人均礼金支出与老年人陷入长期多维贫困负相关，家庭礼金支出规模越大，老年人陷入多维贫困的可能性越小。主要原因是礼金支出可以体现一个家庭的社会关系，也就是说礼金支出越多，家庭收入能力越强，陷入长期多维贫困的可能性也就越小。

从社区层次变量来看，非农户口占比与老年人长期多维贫困显著负相关。城镇化水平越高，老年人陷入多维贫困的可能越小。当加入社区层次变量后，虽然回归结果仍然非常显著，但各变量的概率比有所下降，说明之前的回归结果对老年人长期多维贫困有一定的高估。

表 6-9　农村老年人长期多维贫困回归概率比结果

数据特征	变量	被解释变量：是否长期多维贫困				
		(1)	(2)	(3)	(4)	(5)
家庭特征	人口规模	0.92***	0.89***	0.88***	0.95***	0.90***
		0.02	0.02	0.03	0.02	0.02
教育水平	小学	0.72***	0.71***	0.66***	0.64***	0.65***
		0.06	0.05	0.07	0.06	0.06
	初中	0.46***	0.45***	0.39***	0.35***	0.44***
		0.05	0.05	0.06	0.04	0.05
	高中	0.55***	0.54***	0.47***	0.25***	0.35***
		0.09	0.09	0.10	0.04	0.06
	大学	0.14***	0.14***	0.11***	0.10***	0.23***
		0.10	0.10	0.09	0.03	0.08
社会关系	人均礼金支出	0.68***	0.68***	0.66***	0.63***	0.67***
		0.02	0.02	0.03	0.02	0.02
社区变量	非农户口占比		0.39***	0.37***		0.16***
			0.17	0.17		0.02

续表 6-9

数据特征	变量	被解释变量:是否长期多维贫困				
		(1)	(2)	(3)	(4)	(5)
统计量	截距	10.17***	11.01***	13.78***	9.69***	9.16***
		2.69	2.95	4.27	2.37	2.22
	控制变量	是	是	是	是	是
	Log likelihood	−2 790.57	−2 747.95	−2 720.77	−2 819.82	−2 773.29
	Wald chi2	248.18	256.30	220.60	217.45	227.20
	Pro>chi2	0.00	0.00	0.00	0.00	0.00
	样本量	5 763	5 644	5 644	5 782	5 656
随机效应分析	一层随机参数	0.88	0.86	0.90		
	二层随机参数			0.96		

注:*** $p<0.01$,** $p<0.05$,* $p<0.1$。

另外,从表 6-9 中的 Logit 面板回归模型和多层 Logit 模型结果进行比较发现,非农户口占比对农村老年人长期多维贫困的概率比低于多层 Logit 模型,说明面板回归模型低估了非农户对农村老年人长期多维贫困的影响。

表 6-10 所示为农村老年人长期多维贫困模型回归系数。具体模型设计如下:(1)(2)(3)列是多层 Logit 模型回归结果,(4)(5)列是 Logit 回归结果。由表 6-10 可知,主要变量回归结果非常显著。其中人口规模、教育水平、社会关系等变量对老年人长期贫困有负向影响,加入社区变量后这种影响仍然存在。

表 6-10　农村老年人长期多维贫困回归系数结果

数据特征	变量	被解释变量:是否长期多维贫困				
		(1)	(2)	(3)	(4)	(5)
家庭特征	人口规模	−0.09***	−0.11***	−0.12***	−0.08***	−0.11***
		(0.02)	(0.02)	(0.03)	(0.03)	(0.03)
教育水平	小学	−0.33***	−0.34***	−0.42***	−0.45***	−0.46***
		(0.09)	(0.09)	(0.11)	(0.12)	(0.12)
	初中	−0.78***	−0.80***	−0.94***	−1.04***	−1.05***
		(0.11)	(0.11)	(0.14)	(0.15)	(0.15)
	高中	−0.60***	−0.61***	−0.75***	−0.92***	−0.91***
		(0.17)	(0.17)	(0.21)	(0.22)	(0.22)
	大学	−2.00***	−1.99***	−2.25***	−2.66***	−2.67***
		(0.74)	(0.74)	(0.80)	(0.83)	(0.83)

续表 6-10

数据特征	变量	被解释变量:是否长期多维贫困				
		(1)	(2)	(3)	(4)	(5)
社会关系	人均礼金支出	-0.39^{***}	-0.38^{***}	-0.42^{***}	-0.39^{***}	-0.37^{***}
		(0.03)	(0.03)	(0.04)	(0.04)	(0.04)
社区变量	非农户口占比		-0.93^{**}	-1.00^{*}		-1.36^{***}
			(0.43)	(0.47)		(0.38)
统计量	截距	2.32^{***}	2.40^{***}	2.62^{***}	2.24^{***}	2.29^{***}
		(0.27)	(0.27)	(0.31)	(0.29)	(0.29)
	控制变量	是	是	是	是	是
	Log likelihood	−2 790.57	−2 747.95	−2 720.77	−2 819.82	−2 773.29
	Wald chi2	248.18	256.30	220.60	217.45	227.20
	Pro>chi2	0.00	0.00	0.00	0.00	0.00
	样本量	5 763	5 644	5 644	5 782	5 656
随机效应分析	一层随机参数	0.88	0.86	0.90		
	二层随机参数			0.96		

注：$^{***}p<0.01$，$^{**}p<0.05$，$^{*}p<0.1$。

2. 城镇老年人实证回归结果

为了比较分析老年人长期多维贫困影响因素存在的城乡差异，表 6-11 所示为城镇老年人长期多维贫困的回归概率比结果。表 6-11 中回归模型的设计与表 6-9 是一致的。结果可知，城镇回归结果的主要变量仍然比较显著，但城乡老年人的多维贫困影响因素存在明显的异质性。

表 6-11 列出了各组模型的回归结果和显著性，以及得到的层次随机效应。从家庭人口特征来看，城镇老年人家庭人口规模越大，老年人陷入长期多维贫困的可能性越小，基准回归结果系数不显著。加入社区层次变量后回归结果显著，说明非农户口改进了家庭规模与多维贫困的关系。城乡对比发现，农村老年人的家庭人口规模对是否陷入长期多维贫困影响更加显著。农村地区家庭主要从事劳动密集型工作，家庭的规模决定了整个时期内的劳动力的数量和收入水平(侯亚景，2017)，所以农村的家庭规模与长期多维贫困负相关。

从教育水平来看，城镇老年人受教育程度越高，陷入长期多维贫困的可能性越低，减贫效应越好。但不同教育水平对老年人的影响存在差异，学历为高中和大学的老年人陷入长期多维贫困的可能最低。同时，对城镇和农村结果进行比较发现，城乡老年人的学历对多维贫困的影响不同，例如，城镇初中学历老年人陷入多维贫困的概率要高于农村老年人，说明初中学历对农村老年人减少多维贫困的可能性比城镇老年人更大。

表 6-11　城镇老年人长期多维贫困的回归概率比结果

数据特征	变量	被解释变量:是否长期多维贫困				
		(1)	(2)	(3)	(4)	(5)
家庭特征	人口规模	0.98	0.93*	0.93	0.97	0.92*
		0.04	0.04	0.04	0.04	0.04
教育水平	小学	0.72**	0.72**	0.70***	0.69**	0.71**
		0.11	0.11	0.12	0.12	0.12
	初中	0.65***	0.76	0.75	0.52***	0.71*
		0.11	0.13	0.14	0.10	0.13
	高中	0.24***	0.29***	0.27***	0.18***	0.26***
		0.07	0.09	0.09	0.06	0.08
	大学	0.36***	0.55*	0.51*	0.25***	0.49*
		0.13	0.19	0.19	0.09	0.18
社会关系	人均礼金支出	0.61***	0.63***	0.62***	0.61***	0.64***
		0.03	0.03	0.04	0.03	0.03
社区变量	非农户口占比		0.28***	0.27***		0.26***
			0.06	0.06		0.05
统计量	截距	4.00***	5.60***	5.44***	3.62***	4.55***
		1.77	2.47	2.61	1.64	2.03
	控制变量	是	是	是	是	是
	Log likelihood	−1 157.59	−1 117.51	−1 113.55	−1 177.08	−1 129.74
	Wald chi2	136.16	169.95	151.60	137.06	177.32
	Pro>chi2	0.00	0.00	0.00	0.00	0.00
	样本量	4 668	4 550	4 550	4 720	4 596
随机效应分析	一层随机参数	0.94	0.80	0.78		
	二层随机参数			0.82		

注:*** $p<0.01$,** $p<0.05$,* $p<0.1$。

从社会关系来看,城镇老年人的礼金支出越多,陷入长期多维贫困的可能性越小,这与农村老年人的回归结果基本相同,丰富的社会关系会减少老年人因突发事件致贫的可能性,尤其是农村地区更为明显。社区层次变量的回归结果也非常显著,加入社区层次变量后,其他解释变量的概率比也发生了明显变化,家庭人口规模的概率比下降,教育水平、社会关系的概率比增加。从城乡比较来看,城镇老年人的概率比要小于农村老年人。

从社区层次变量非农户口占比来看，本社区非农户口占比越高，老年人陷入长期多维贫困的可能越小，这一结果与农村地区结果一致。非农户口所占比重决定了该地区的城镇化水平，也在一定程度上体现了地区的经济发展水平。而且受户籍制度的影响，居民因为城乡户口导致获得的福利水平存在差距，进一步影响了老年人是否会陷入长期多维贫困的境地。

综合来看，不同变量对老年人长期多维贫困的影响存在城乡异质性。但主要解释变量对老年人长期多维贫困的负向关系是一致的，回归结果也非常稳健。为了更为直观地看出解释变量对被解释变量的影响，表 6-12 列出了城镇老年人长期多维贫困影响因素的回归系数。可以看出，主要变量回归结果非常显著，进一步证明了模型的稳健性。表中的模型设计与表 6-11 中老年人多维贫困分析一致，即(1)(2)(3)列是多层 Logit 模型回归结果，(4)(5)列是 Logit 面板回归结果。从表 6-12 可知，各个解释变量对老年人是否陷入长期多维贫困的影响非常显著，在加入社区层次变量、时间趋势变量后，回归结果仍然显著。

具体来看，家庭人口规模越大、受教育程度越高、社会关系越多的城镇老年人，其陷入长期多维贫困的可能越小。加入社区层次变量后发现，社区非农户口比重越高，老年人长期多维贫困的可能越小，符合本书的假设。

表 6-12　城镇老年人长期多维贫困回归系数结果

数据特征	变量	被解释变量:是否长期多维贫困				
		(1)	(2)	(3)	(4)	(5)
家庭特征	人口规模	−0.02	−0.07*	−0.08	−0.03	−0.09*
		(0.04)	(0.04)	(0.05)	(0.05)	(0.05)
教育水平	小学	−0.33**	−0.33**	−0.36**	−0.36**	−0.34**
		(0.16)	(0.16)	(0.18)	(0.18)	(0.17)
	初中	−0.43***	−0.27	−0.29	−0.65***	−0.35*
		(0.17)	(0.17)	(0.19)	(0.18)	(0.18)
	高中	−1.44***	−1.24***	−1.29***	−1.74***	−1.36***
		(0.31)	(0.31)	(0.33)	(0.33)	(0.33)
	大学	−1.01***	−0.59*	−0.68*	−1.38***	−0.72*
		(0.35)	(0.35)	(0.38)	(0.38)	(0.38)
社会关系	人均礼金支出	−0.50***	−0.46***	−0.48***	−0.49***	−0.45***
		(0.05)	(0.05)	(0.06)	(0.06)	(0.05)
社区变量	非农户口占比		−1.26***	−1.32***		−1.33***
			(0.20)	(0.22)		(0.19)

续表 6-12

数据特征	变量	被解释变量:是否长期多维贫困				
		(1)	(2)	(3)	(4)	(5)
统计量	截距	1.39***	1.72***	1.69***	1.29***	1.52***
		(0.44)	(0.44)	(0.48)	(0.45)	(0.45)
	控制变量	是	是	是	是	是
	Log likelihood	−1 157.59	−1 117.51	−1 113.55	−1 177.08	−1 129.74
	Wald chi2	136.16	169.95	151.60	137.06	177.32
	Pro>chi2	0.00	0.00	0.00	0.00	0.00
	样本量	4 668	4 550	4 550	4 720	4 596
随机效应分析	一层随机参数	0.94	0.80	0.78		
	二层随机参数			0.82		

注:*** $p<0.01$,** $p<0.05$,* $p<0.1$。

6.5 本章小结

本章主要分为两个部分,包括老年人长期多维贫困指数的测算和致贫因素分析。首先,利用 CFPS 2010—2018 数据,结合 AF 法和 Foster(2009)的贫困可持续时间测算法,对我国老年人的长期多维贫困进行测算。测算结果发现,我国老年人的长期多维贫困指数和贫困发生率随着时间临界值的增加而增加。由于城乡之间存在经济水平、收入的差距,以及养老金、教育、医疗等社会保障的差异,我国农村老年人的长期多维贫困比城镇老年人更为严重。进一步按东部、中部、西部地区分解发现,西部地区的农村老年人的长期多维贫困指数和贫困发生率最为严重,在未来的多维减贫工作中需要格外关注。对长期多维贫困的指标分解发现,健康状况、养老金、炊用燃料、幸福感的贫困发生率较高,尤其是农村老年人的炊用燃料的贫困发生率最高。同时,随着老龄化的加重,老年人的幸福感等心理因素的剥夺需要得到更多关注。应该鼓励老年人积极参与社会活动,丰富老年人的精神世界。

其次,在老年人长期致贫因素的实证分析中,使用了多层 Logit 回归分析法,该方法的优势是可以将微观数据的解释变量进行分层,并通过构建不同的层次变量来解决变量之间的内生性问题。回归结果发现,家庭人口规模越大、教育水平越高、社会关系越多、社区变量中的非农户口比例越多，老年人陷入长期多维贫困的可能越小。老年人在婚、处于东部地区等控制变量也对老年人摆脱长期多维贫困产生重要影响。综合来看，体现人力资本水平能力的变量对老年人的长期多维贫困影响更大，所以要解决老年人的长期多维贫困，需要从内生动力的角度出发，巩固和提高老年人应对陷入长期贫困风险的能力。本章实证的稳健性检验贯穿整个过程，例如，选取变量时的滞后期处理，使用其他模型对主模型进行验证，调整样本时期，改变样本容量（缩尾处理）等。

第 7 章　政府养老和家庭养老的多维减贫效应分析

从本书第 5 章、第 6 章的老年人暂时和长期多维贫困测算结果发现，城镇老年人的多维贫困已经处于较低水平，而农村老年人的多维贫困发生率仍然较高，并且农村老年人获得的社会保障支出与家庭子女的经济支持偏低（吴茜、姚乐野，2020）。因此，本章主要聚焦农村老年人的多维减贫研究，比较分析政府养老和家庭养老等模式对农村老年人的减贫效应，以及社会保障支出对家庭养老是否有挤出效应。政府养老主要是政府发放给老人的社会保障支出，主要包括养老金、医疗报销、低保等，其中农村老年人以新农保养老金为主，家庭养老主要是与子女一起居住、子女的经济支持、生活照料等。① 政府养老对老年人多维贫困减少的机制主要是老年人获得社会保障支出用来不断满足基本的生活需求，提高衣食住行等方面的生活福利水平，改善老年人多维贫困状况。家庭养老的减贫机制与政府养老基本一致，儿女对老人的经济支持、生活照料会提高老人的生活水平，而且对老年人的幸福感的提高作用更加明显。政府养老和家庭养老并不是非此即彼的关系，探讨如何实现家庭养老和政府养老的优势互补，为提高农村老年人的生活水平、摆脱多维贫困提供政策建议。最后，从社会保障支出的角度研究如何帮助老年人减少多维贫困，模拟增加新农保支出的不同倍数后老年人多维贫困的下降情况。

---

① 本书界定的家庭养老模式主要分为是否与子女居住和是否获得子女经济支持两类，社会养老主要是养老金。本章将分别实证分析两种政府养老与家庭养老的减贫效应。

7.1　引言

自古以来，“养儿防老”就是老年人的主要养老方式。“养儿防老”是指通过养育子女以防老年无依无靠的行为，主要包括与子女同住、获得子女的经济支持、获得生活照料等形式。《孝经·圣治》：“故亲生之膝下，以养父母日严。”强调子女养老是一种孝顺的表现。老年人也以“含饴弄孙”为乐，子女“承欢膝下”为福。这种家庭养老方式对老年人减贫的影响也被广泛证实（宋嘉豪等，2019；吴茜、姚乐野，2020）。但随着社会变革带来家庭结构调整，生存压力倒逼中年危机，随着人口老龄化，我国出现很多社会问题，老年人享受子女照顾和陪伴这种“天伦之乐”也成了“奢侈品”。

所谓政府养老，就是政府通过给予社会保障支出（如养老金[①]、医保、低保等）来保障老年人的基本生活需求，这对老年人减贫也有重要影响（卢盛峰、卢洪友，2013；朱火云，2017）。回顾我国农村社会保障制度的政策发现，农村老年人的社会保障体系不断完善，尤其是以新农保、城乡居民养老金为主的农村养老金，以及以新农合为主的医疗保险快速发展。新农保方面，2009 年实施了试点工作，2012 年基本实现了我国 2 853 个县级行政区的全覆盖，2012 年新农保与城镇居民养老保险合并为城乡居民养老保险。新农合方面，2009 年新农合基本实现对农村居民的全覆盖，并成为我国农村的基本医疗保障制度，2019 年基本实现新农合与城镇居民医疗保险的合并。可以看出我国农村保障体系正在不断完善，这有利于农村老年人的减贫。

不可否认的是，政府养老和家庭养老对老年人的减贫均有影响。以养老金、医保、低保等为核心的社会保障支出在减少老年人贫困中的作用越来越重要（岳希明、种聪，2020）。张川川等（2014）也发现了新农保养老金对老年人收入减贫的作用明显，同时还促进了老年人的消费水平和生活福利水平的提高。由此可见，新农保的减贫效应不仅体现在减少收入贫困上，更具有多维度的减贫效应。陈宗盛等（2020）对已有研究进行梳理，发现“养儿防老”“社会养老”均能够显著降低老年人的多维贫困（包括健康、生活条件、幸福感等维度）。但是已有研究发现，受人口流动、生活习惯改变等因素的影响，“养儿防老”的传统模式难以持续，“社会养老”开始在一定程度替代“传统养老”。这里的“社会养老”

---

① 农村养老金主要包括新农保和城居保。

泛指政府养老。

但政府养老与家庭养老的关系研究仍然存在争议。有的学者认为两者存在挤出效应(Becker,1974)。程令国等(2013)发现新农保政策降低了老人对子女的依赖,不仅会直接影响老年人的养老方式,还会间接影响老年人的生活照料和代际转移。社会保障支出对老年人多维减贫作用开始凸显,对家庭养老可能会产生挤出效应。张航空、孙磊(2011)实证研究发现,获得养老金会对代际之间的经济支持产生挤出效应,但不会全部挤出,子女对父母和父母对子女的代际支持对养老仍有重要作用。也有学者认为,两者不存在挤出效应,Cox 和 Jakubson(1995)研究发现政府的转移支付对家庭转移支付的影响几乎为零。

总而言之,家庭养老和政府养老作为两种最重要的养老方式,对改善老年人的生活水平,提高福利水平和幸福感有重要影响。随着老龄化的加快,老年人的多维贫困问题得到越来越多的关注,开展不同养老模式对多维贫困影响及其减贫机制的研究是有必要的。需要说明的是,本章的多维贫困指标体系与前文中所指有所不同,根据本章研究目的会相应调整个别指标,本章正文中将有详细介绍。

7.2 不同特征分组下老年人贫困比较

7.2.1 老年人分布情况

笔者对政府养老和家庭养老两种模式进行分组,观察不同养老模式下老年人的分布情况,同时将 2013 年和 2018 年数据进行对比,得到不同养老模式下老人分布变动情况。家庭养老模式主要有两个变量:第一个是是否与子女居住,第二个是是否获得子女经济支持。通过 2018 年数据发现,当老人与子女一起居住的时候,获得子女经济支持很少,同样获得子女经济支持的老人与子女一起居住的概率也很低。这两种家庭养老模式对老年人多维贫困的影响存在不同。在本章养老模式的界定中,政府养老用是否获得养老金表示,家庭养老用是否与子女同住表示。然后将养老模式细分为 4 组,分别为有养老金且与子女居住、没有养老金且与子女居住、有养老金且独自居住(简称独居)、没有养老金且独居。其中是否与子女同住变量需要说明的是,当家庭成员仅有 2 人:一个年龄为 60 岁及以上,另一个成员虽然没有超过 60 岁,但可以确定成员之间为配偶关系的,界定老年人为不与子女同住;家庭成员仅有 2 人:一个为 60 岁及以上老人，另一个成员年龄小于 40 岁，且可以判定为不是配偶关系的，界定老年人为与子女同住。表 7-1 所示为不同模式分组下农村老年人的分布情况。

表 7-1　不同模式下农村老年人分布比例情况

分组情况	2013 年			2018 年		
	与子女居住	独自居住	合计	与子女居住	独自居住	合计
有养老金	0.42	0.33	0.75	0.53	0.34	0.87
没有养老金	0.19	0.05	0.24	0.10	0.03	0.13
合计	0.61	0.38	0.99	0.63	0.37	1.00

数据来源：根据 CHIP 2013、CHIP 2018 测算得出。

从农村是否有养老金和是否与子女居住两种养老模式对比来看，2013 年农村老年人获得养老金的比例为 75%，2018 年农村老年人获得养老金的比例增加 12 个百分点，达到 87%，说明农村老年人养老金的覆盖率有明显提升。是否与子女居住的比例变动较小，与子女居住的老年人从 2013 年的 61% 上升为 2018 年的 63%。

从四种模式分组的老年人分布情况来看，有养老金且与子女居住的农村老年人占比最高、增速最快，2013 年为 42%，2018 年为 53%。没有养老金且独居的农村老年人占比最低，2013 年仅为 5%，到 2018 年进一步下降为 3%。没有养老金且与子女居住的比例为 19%，到 2018 年下降为 10%。整体来看，养老金的覆盖率明显提高，老年人与子女居住的比例没有明显变化。

7.2.2　不同年龄分组下老年人的贫困情况

主要从收入贫困和多维贫困两个角度介绍不同年龄分组下老年人的贫困情况。老年人收入贫困是以官方收入贫困线为标准，使用 FGT 指数法①测算出的贫困发生率。老年人多维贫困使用的数据为 CHIP 2013、CHIP 2018 数据，采用的方法仍然为 Alkire 和 Foster(2007)提出的 AF 法。主要通过选取健康、收入、生活标准、幸福感等指标来构建新的指标体系，指标中剔除了养老金、医疗保险指标。表 7-2 所示为农村老年人收入贫困和多维贫困发生率情况。结果发现，与 2013 年相比，2018 年农村老年人多维贫困发生率有明显下降，年龄越大的老人贫困发生率越高。

① FGT 指数法是由 Foster，Greer and Thorbecke(1984)提出的测算收入贫困发生率、贫困程度的方法。

表 7-2　按年龄分组的农村老年人贫困情况　%

贫困发生率	收入贫困		多维贫困	
	2013 年	2018 年	2013 年	2018 年
全部老人	9.25	3.45	16.52	3.49
60～69 岁	8.04	3.12	13.50	2.87
70～79 岁	11.43	3.67	22.60	4.56
80 岁及以上	12.31	5.63	22.71	5.53

数据来源：根据 CHIP 2013、CHIP 2018 测算得出。

从表 7-2 中看出，农村老年人贫困发生率变化情况。随着我国不断加大对农村扶贫的支持力度和农村社会保障体系的不断完善，老年人的收入贫困和多维贫困情况得到缓解，2013 年农村老年人收入贫困发生率为 9.25%，到 2018 年则下降为 3.45%，下降幅度为 5.8 个百分点，多维贫困发生率下降更为明显，从 2013 年的 16.52%下降到 2018 年的 3.49%，下降 13.03 个百分点。从年龄分组上看，随着年龄的增加，老年人的贫困状况逐渐严重，高龄老年人仍需要得到更多的扶持。2018 年 60～69 岁老年人贫困发生率为 3.12%，80 岁及以上老年人贫困发生率为 5.63%，两者相差 2.51 个百分点，而 2013 年这两个年龄组相差 4.27 个百分点。2018 年 60～69 岁老年人多维贫困发生率为 2.87%，80 岁及以上年龄组为 5.53%，两者相差 2.66 个百分点，而 2013 年这两个年龄组相差 9.21 个百分点。2018 年，以上两个年龄组的收入贫困和多维贫困发生率差距缩小，说明扶贫政策有效。

7.2.3　不同养老模式分组下老年人贫困情况

家庭养老和政府养老模式可分为四个部分：有养老金且与子女同住、没有养老金且与子女同住、有养老金且独居、没有养老金且独居。表 7-3 测算了按不同养老模式分组的老年人收入贫困和多维贫困情况。比较分析 2013 年、2018 年不同分组的收入贫困和多维贫困发生率，得到不同养老模式下老年人的贫困变动情况。为了分析不同年龄老年人在这两种养老模式下的贫困变动，将老年人按年龄分为 3 组，分别是 60～69 岁、70～79 岁、80 岁及以上。

关于贫困标准的界定，表 7-3 中收入贫困线是以 2010 年官方贫困线为标准推算得出的，即 2013 年的贫困线为 2 736 元，2018 年的贫困线为 2 995 元。多维贫困使用的是多维贫困指数中的多维贫困发生率，该标准在前文中已经给出。由表 7-3 可知，2013 年是否有养老金对老年人收入和多维贫困的影响较小，2018 年是否有养老金对老年人的贫困发生率影响较大，说明随着我国农村养老金支出规模的增加，领取标准和覆盖率的提高，养老金对农村老年人是否贫困的影响增大。

表 7-3 按不同养老模式分组的农村老年人贫困变动情况 %

是否有养老金	是否与子女居住	收入贫困		多维贫困	
		2013 年	2018 年	2013 年	2018 年
有养老金	与子女居住	11.42	3.15	14.51	3.61
	60～69 岁	10.94	3.00	13.12	2.91
	70～79 岁	12.60	2.67	16.84	4.79
	80 岁及以上	11.61	5.27	18.26	5.45
	独自居住	5.64	3.96	18.85	2.57
	60～69 岁	3.54	3.29	13.61	2.50
	70～79 岁	9.76	5.25	29.22	2.55
	80 岁及以上	14.43	7.22	32.58	4.88
没有养老金	与子女居住	14.97	5.87	16.32	5.62
	60～69 岁	14.38	5.82	12.81	3.56
	70～79 岁	17.16	5.26	22.81	11.11
	80 岁及以上	13.47	7.69	21.28	6.90
	独自居住	16.06	16.41	19.03	4.42
	60～69 岁	12.43	13.82	17.28	3.68
	70～79 岁	22.89	22.43	21.62	11.11
	80 岁及以上	32.48	21.95	55.56	0.00

数据来源：根据 CHIP 2013、CHIP 2018 测算得出。

如表 7-3 所示，从收入贫困来看，没有养老金且独居的老年人贫困发生率最高，2013 年为 16.06%，2018 年仍有 16.41%。2018 年有养老金且与子女居住的老年人收入贫困发生率最低，仅为 3.15%。从多维贫困来看，2013 年没有养老金且独居的老年人贫困发生率最高，为 19.03%，2018 年没有养老金且与子女居住的老年人贫困发生率最高，为 5.62%。2018 年有养老金且独居的老年人贫困发生率最低，为 2.57%。比较发现养老金的提高不仅会降低老年人的收入贫困，还可以降低老年人的多维贫困，2018 年的效果更加明显。是否与子女居住的贫困发生率并没有体现出与子女居住会显著降低贫困发生率的结果，主要原因是随着我国社会保障体系的不断完善，基本公共服务水平的不断提高，我国老年人的生活水平有了很大提高，对子女的物质依赖减少，是否与子女居住对农村老年人多维贫困的影响较小。

从年龄分组上来看，随着年龄的增大，2018 年整体上农村老年人收入贫困发生率增加，在有养老金且独居、没有养老金且与子女居住、没有养老金且独居等分组中非常明显。2013年农村老年人在有养老金且与子女居住中的年龄与贫困发生率呈倒U形分布，主要原因是2013年80岁及以上老年人与子女居住的比例较高，随着年龄的增加，老人与子女同住的比例增加，对老人的经济支持逐渐增加。从多维贫困上看，随着年龄增加，整体上农村老年人多维贫困发生率增加，贫困发生率最为严重的是2013年没有养老金且独居的老人，贫困发生率达55.56%。总而言之，农村独居高龄老人仍然是脆弱性人群，预防该群体的返贫仍需要得到持续关注。

7.2.4 独居老人贫困情况

独居农村老人的多维贫困问题值得关注，姜向群(2014)发现农村留守或独居老年人比例逐渐上升，更多的老年人选择与配偶居住，孙鹃娟(2013)也发现全国空巢老人接近40%。子女不在身边甚至没有子女、身体有基础疾病的老人存在收入贫困和多维贫困的可能性非常大，通过前文测算也发现，独居老年人的多维贫困情况比与子女居住的老年人贫困发生率更高，面临着生活照料、孤独感等指标的剥夺更为严重。转移支付是独居老人的主要经济来源，也是老年人摆脱多维贫困的重要保障(罗明辑等，2020)。表7-4所示为独居农村老年人贫困变动情况。

表7-4列出了独居老人是否获得子女经济支持(私人转移支付)和养老金(政府转移支付)对其收入贫困和多维贫困发生率的影响，并将2013年和2018年数据进行比较分析。结果发现，当独居老人获得子女经济支持和养老金后会显著降低贫困发生率。整体来看，独居老人获得子女的经济支持或获得养老金都会减少贫困发生率，不仅是收入贫困，多维贫困也是如此，但两种转移支付减贫效应大小存在差异。从独居老人的收入贫困变动来看，2013年，在没有获得任何转移支付时，独居老人的收入贫困发生率最高，为24.64%，如果仅获得子女的转移支付，贫困发生率下降为16.06%，减贫效应为8.58个百分点；如果仅获得养老金，贫困发生率下降为11.70%，减贫效应为11.94个百分点；如果老年人同时获得两种转移支付，贫困发生率下降为5.64%，减贫效应为19.00个百分点。通过比较发现，独居老人获得养老金后的减贫效应要高于获得子女经济支持。2018年独居老人获得两种转移支付后的减贫效应比2013年更大，养老金的减贫效应也要高于子女的经济支持，其中仅获得子女经济支持的减贫效应为9.35个百分点，仅获得养老金的减贫效应为16.45个百分点。

表 7-4　独居农村老人贫困变动情况　%

分组情况	收入贫困		多维贫困	
	2013 年	2018 年	2013 年	2018 年
未获得子女经济支持和养老金	24.64	25.76	24.51	5.17
60～69 岁	17.37	20.03	17.98	4.16
70～79 岁	38.13	37.39	37.84	6.53
80 岁及以上	58.58	49.82	48.98	14.63
仅获得子女经济支持	16.06	16.41	21.97	3.70
60～69 岁	12.43	13.82	16.36	3.45
70～79 岁	22.89	22.43	34.00	4.19
80 岁及以上	32.48	21.95	43.82	4.88
仅获得养老金	11.70	9.31	21.13	3.61
60～69 岁	7.04	6.74	15.42	2.94
70～79 岁	21.16	13.91	33.27	4.69
80 岁及以上	29.14	24.29	39.80	8.54
获得子女经济支持和养老金	5.64	3.96	18.85	2.57
60～69 岁	3.54	3.29	13.61	2.50
70～79 岁	9.76	5.25	29.22	2.55
80 岁及以上	14.43	7.22	32.58	4.88

数据来源：根据 CHIP 2013、CHIP 2018 测算得出。

从独居老人多维贫困变动来看，2013 年，在没有获得任何转移支付时，独居老人的多维贫困发生率最高，为 24.51%；如果仅获得子女的转移支付，贫困发生率下降为 21.97%，减贫效应为 2.54 个百分点；如果仅获得养老金，贫困发生率下降为 21.13%，减贫效应为 3.38 个百分点；如果老年人同时获得两种转移支付，贫困发生率下降为 18.85%，减贫效应为 5.66 个百分点。2018 年，随着对农村的扶贫力度的不断加强，独居老人的贫困发生率明显下降。独居老人获得转移支付后的多维贫困减贫效应仍然明显，从 5.17%下降到 2.57%，下降 50.29%。整体来看，养老金的减贫效应要高于子女的经济支持。

从年龄分组的情况来看，随着年龄增加，独居老人的贫困发生率也在提高。两种转移支付对各年龄组独居老人的减贫作用都非常明显，但即使同时获得两种转移支付，高龄独居老人的收入贫困和多维贫困发生率仍然在各年龄组中最高，仍然需要政府加大对该部分群体实施高龄补贴等转移支付。

7.3 政府养老和家庭养老的多维减贫机制分析

7.3.1 模型策略和数据来源

已有研究已经对政府养老和家庭养老的减贫效应进行了深入的探讨，大多数研究支持两种养老模式均会对贫困有负向影响(张川川、陈斌开，2014；岳希明、种聪，2020)。但关于政府养老和家庭养老的挤出效应或替代效应的争论一直存在，有的学者认为政府转移支付会挤出私人转移支付(Cox and Jimenez，1992)，还有学者认为政府转移支付对私人转移支付不存在影响(Cox and Jackbson，1995)。张川川、陈斌开(2014)研究发现，社会养老①会降低老年人获得的子女经济支持，但由于新农保水平较低，这种替代效应并不显著。随着我国农村养老金标准的提高，两者的关系是否会发生变化需要进行验证。社会养老用变量是否领取养老金来代替，家庭养老用变量是否获得子女经济支持来代替，被解释变量为老年人是否存在多维贫困。②

本节使用了中介效应模型。中介效应模型分为三种效应：检验解释变量对被解释变量的影响是总效应，解释变量通过控制引入中介变量后对被解释变量的影响是直接效应，引入的中介变量对被解释变量的影响是间接效应。Baron 和 Kenny(1986)、Judd 和 Kenny(1981)提出了使用逐步检验回归系数法来检验中介效应模型。主要公式如下：

$$Y = aX + \varepsilon_1 \tag{7-1}$$

$$Z = cX + \varepsilon_2 \tag{7-2}$$

$$Y = a'X + dZ + \varepsilon_3 \tag{7-3}$$

逐步回归系数法主要分为三步：第一步，式(7-1)的系数 a，即该系数表示自变量 X 对 Y 的总效应；第二步，式(7-2)的系数 c，即该系数表示自变量 X 对中介变量 Z 的影响；第三步，式(7-3)在控制变量 Z 后的系数 a' 和 d。当 a 和 c 的

---

① 这里的“社会养老”是指以“新农保”为基础的政府社会保障支出。

② 在后文的解释中，领取养老金等同于政府转移支付，子女的经济支持等同于家庭转移支付。虽然低保和医疗报销收入也是政府转移支付的一部分，但两者占比较低，其减贫效应研究放入稳健性检验中。

系数同时显著时，说明存在中介效应。当 a' 的系数不显著时，称为完全中介；当 a' 的系数显著时，称为部分中介。逐步检验回归系数法中回归系数显著时，具有一定的说服力，但目前研究中常用 Sobel 检验法（系数成绩检验法）、Bootstrap 检验法（系数差异检验法）对中介效应进一步检验，最后得出稳健性的结果。

本章的实证策略是根据已有研究文献中解释变量对被解释变量的影响做出假设，并通过中介效应对假设进行实证检验。假设一是家庭养老有利于减少老年人多维贫困，当老年人获得的社会保障支出（来自政府的转移支付）增加时，不仅会增加老年人的收入水平，还会提高老年人的消费水平和社会福利水平，对减少老年人多维贫困有正向影响；假设二是当老年人获得子女经济支持或者生活照料增加时，不仅会提高老年人的经济福利，也有利于老年人主观感受的提高，这是政府养老所不具备的机制；假设三是政府养老对家庭养老有挤出效应，已有研究已经证明，当老人获得的社会保障支出增加时，会减少来自子女的经济支持（来自私人的转移支付），存在某种程度的替代效应或挤出效应。

实证中，研究了两种养老模式对老年人多维贫困的减贫机制，截面数据的主要来源是 CHIP 2013、CHIP 2018 的农村老年人数据，长期多维贫困数据来源是 CFPS 2010—2018 面板数据。

7.3.2　变量描述性分析

被解释变量为老年人是否存在多维贫困，存在多维贫困为 1，否则为 0。多维贫困指标体系在本书第 5 章、第 6 章已经给出详细说明，在此不再赘述。本章仍然选取健康、收入、生活标准、幸福感等指标来构建指标体系（为减少内生性问题，指标体系中剔除了养老金、医疗保险指标）。主要解释变量为是否获得子女的经济支持、是否领取养老保险。控制变量为老年人的性别、年龄、婚姻状况、教育水平、子女数量、所属地区、地貌等。表 7-5 所示为主要变量的描述性分析结果，主要包括均值、方差、最大值和最小值。由表 7-5 可知，老年人领取养老金的均值为 0.87，也就是说，农村老年人领取养老金的比例为 87%。主要控制变量仍然使用了第 5 章选取的变量，这些变量对被解释变量的影响已经被证实。

表 7-5　变量的描述性分析

变量	变量定义	观测值	均值	方差	最小值	最大值
养老金	领取＝1,未领取＝0	6 137	0.87	0.48	0	1
子女经济支持	有经济支持＝1,没有＝0	6 137	0.35	0.34	0	1
年龄	实际年龄(岁)	6 137	68	6.93	60	104
户口	农业户口＝1	6 137	0.82	0.39	0	1
教育水平	分类变量 1～5	6 137	2.16	0.87	1	5
婚姻状况	在婚＝1;其他＝0	6 137	0.83	0.37	0	1
低保	低保户＝1;非低保户＝0	6 137	0.09	0.28	0	1
社会地位	党员＝1;非党员＝0	6 137	0.09	0.29	0	1
社区环境	有路灯＝1;没有路灯＝0	6 137	0.64	0.48	0	1
社区健身	健身器材数量	6 137	1.33	0.47	1	2
地貌特征	平原＝1;丘陵＝2;山地＝3	6 137	1.80	0.81	1	3
东部地区	东部地区＝1;其他地区＝0	6 137	0.31	0.46	0	1
中部地区	中部地区＝1;其他地区＝0	6 137	0.39	0.49	0	1
西部地区	西部地区＝1;其他地区＝0	6 137	0.30	0.46	0	1

注:教育水平为分类变量,共 5 个层次:1 代表文盲,2 代表小学,3 代表初中,4 代表高中和中专等,5 代表大专及以上;家庭养老选取的变量为是否获得子女经济支持。

数据来源:根据 CHIP 2018 测算得出。

7.3.3　实证结果

本小节考察了两种养老模式对农村老年人的多维减贫效应,然后对两种养老模式的关系进行讨论。由于被解释变量为二值变量,在回归分析中主要使用 Logit 回归模型。政府养老使用的变量是是否领取养老金,因为养老金在社会保障支出占比最高,它的重要作用已经得到很多研究的证实(蔡萌、岳希明,2018;岳希明、种聪,2020),在稳健性检验中也考虑了低保和医疗保险等变量。家庭养老使用的是子女经济支持变量,考察子女的经济支持对多维贫困的影响。表 7-6 所示为不同养老模式对农村老年人多维贫困的影响。可以看出,回归结果中主要变量非常显著。养老金和子女经济支持对农村老年人多维贫困有负向影响,引入子女经济支持变量后主要解释变量系数均显著,即存在部分中介效应。表 7-6 中(1)(2)(3)列为是否领取养老金、是否获得子女经济支持对老年人多维贫困的影响的回归结果,(4)列表示是否领取养老金对是否得到子女经济支持的影响。

表 7-6　不同养老模式对农村老年人多维贫困的影响

解释变量	农村老年人多维贫困				是否赡养			
	(1)		(2)		(3)		(4)	
养老金	−0.61***	0.55			−0.56***	0.57	0.81***	2.24
	(0.18)				(0.19)		(0.10)	
子女经济支持			−0.33**	0.72	−0.28*	0.76		
			(0.17)		(0.17)			
年龄	0.35**	1.41	0.31*	1.36	0.35**	1.42	0.22***	1.25
	(0.17)		(0.17)		(0.17)		(0.07)	
年龄平方	0.00**	1.00	−0.00*	1.00	−0.00**	1.00	−0.00***	1.00
	(0.00)		(0.00)		(0.00)		(0.00)	
教育水平	−0.28***	0.75	−0.27***	0.76	−0.28**	0.76	0.02	1.02
	(0.10)		(0.10)		(0.10)		(0.03)	
婚姻状况	−0.39***	0.67	−0.41**	0.66	−0.37**	0.69	0.47***	1.60
	(0.18)		(0.18)		(0.18)		(0.08)	
西部地区	1.56***	4.77	1.56***	4.76	1.52***	4.59	−0.67***	0.51
	(0.32)		(0.32)		(0.32)		(0.09)	
中部地区	0.94***	2.57	1.02***	2.76	0.95***	2.58	0.08	1.08
	(0.31)		(0.31)		(0.31)		(0.07)	
社区地貌	0.56***	1.75	0.54***	1.72	0.56***	1.75	0.20***	1.22
	(0.10)		(0.10)		(0.10)		(0.04)	
社区环境	−0.37***	0.69	−0.37**	0.69	−0.38**	0.69	−0.11*	0.90
	(0.16)		(0.16)		(0.16)		(0.06)	
常数项	−17.51***	0.00	−16.49***	0.00	−17.67***	0.00	−10.40***	0.00
	(6.17)		(6.19)		(6.19)		(2.38)	
Wald chi2(13)	227.50		221.79		230.30		259.89	
Prob>chi2	0.00		0.00		0.00		0.00	
样本量	6 090		6 090		6 090		6 090	

注：*** $p<0.01$，** $p<0.05$，* $p<0.1$。

由(1)列结果可知，是否领取养老金与老年人长期多维贫困呈负向影响，即领取养老金的农村老年人陷入多维贫困的可能更低，回归系数为−0.61，概率比为0.55，结果非常显著。这与已有的研究结果相似，也符合本书的假设。养老金作为社会保障支出占比最高的部分，是农村老年人的主要收入来源，领取养老金有利于农村老年人减少多维贫困。进一步提高政府养老的减贫效应需要加大社会保障尤其是养老金的投入。年龄与是否多维贫困呈正向影响，即随着年龄增加，老年人陷入多维贫困的可能也会增加。年龄回归的概率比为1.41，也就是说，年龄增加一岁，农村老年人陷入贫困的可能就会增加41%。其他控制变量中，中部和西部地区、居住地属于山地地形等都会提高农村老年人陷入多维贫困的可能；而受教育水平越高，社区环境越好，农村老年人陷入多维贫困的可能越小。

由(2)列结果可知，是否获得子女的经济支持对老年人是否陷入多维贫困也有负向影响，即获得子女经济支持会减少农村老年人陷入多维贫困的可能。回归系数为−0.33，陷入多维贫困的概率比为0.72，回归结果非常显著。回归结果中的控制变量也非常显著。这一结果与已有研究结果基本相似(宋嘉豪等，2019)，并符合本书的假设。(3)列和(4)列是对可能存在的中介效应的检验，是否领取养老金对是否获得子女的经济支持有显著的影响，而是否领取养老金和是否获得子女的经济支持对农村老年人多维贫困又有显著的负向影响，本书认为存在部分中介效应。

使用Sobel检验和Bootstrap检验法进一步验证了模型中部分中介效应的存在。测算可得中介效应占总效应的比重为7%，也就是说，领取养老金可以通过影响老年人获得子女的经济支持来影响多维贫困，但这一效应所占比重仅为7%。

7.4 稳健性检验

7.4.1 替换变量的稳健性检验

我国的社会保障支出主要包括养老金、低保、医疗保险等。虽然低保和医疗保险收入在老年人获得的政府转移支付中占比不高，但也是老年人获得转移性收入的重要补充，不仅有利于提高老年人的收入水平，还使老年人的健康状况、生活水平得到了相应改善。

表7-7所示为低保和医疗报销对农村老年人多维贫困的影响，主要是为了考察其他社会保障支出对老年人多维贫困的影响。实证中同时控制子女经济支持、年龄等变量。由表7-7可知，是否领取低保、医保等转移性收入对农村老年人的多维贫困有负向影响，回归结果非常显著。

表 7-7　低保和医疗报销对农村老年人多维贫困的影响

解释变量	农村老年人多维贫困			
	(1)		(2)	
	系数	概率比	系数	概率比
是否低保	−0.46***	1.59		
	(0.20)			
是否医保			−1.14*	0.32
			(0.66)	
子女经济支持	−0.37**	0.69	−0.32**	0.72
	(0.16)		(0.16)	
年龄	0.30*	1.34	0.31*	1.36
	(0.17)		(0.17)	
年龄平方	−0.00*	1.00	−0.00*	1.00
	(0.00)		(0.00)	
教育水平	−0.27***	0.77	−0.27***	0.76
	(0.10)		(0.10)	
婚姻状况	−0.40**	0.67	−0.40**	0.67
	(0.18)		(0.18)	
西部地区	1.52***	4.55	1.59***	4.89
	(0.30)		(0.30)	
中部地区	1.00***	2.71	1.04***	2.82
	(0.30)		(0.30)	
社区地貌	0.53***	1.69	0.54***	1.72
	(0.10)		(0.10)	
社区环境	−0.37***	0.69	−0.37**	0.69
	(0.17)		(0.16)	
常数项	−16.06***	0.00	−15.49***	0.00
	(6.19)		(6.07)	
Wald chi2(13)	178.90		161.73	
Prob>chi2	0.00		0.00	
样本量	6 090		6 090	

注：*** $p<0.01$，** $p<0.05$，* $p<0.1$。

7.4.2　倾向得分匹配法的稳健性检验

解垩(2015)使用倾向得分匹配法研究了是否领取养老金和低保对老年人多维贫困的影响，主要的目的是最小化选择偏误。因为政府的转移支付进行分配不是随机的，直接比较获得转移支付和没有获得转移支付的贫困情况会存在选择性偏差，不同分组的贫困差距可能是被有意识安排的，为了正确评估转移支付的减贫效应，需要构建反事实事件，如考虑不存在转移支付时老年人的多维贫困情况。笔者也借鉴并使用倾向得分匹配法，对老年人多维贫困进行稳健性检验。主要观察是否获得养老金、低保等政府转移性收入，以及子女经济支持等家庭转移性收入对老年人多维贫困的影响。主要步骤分为2步：第一步是进行Logit回归，第二步是使用近邻匹配、核匹配等匹配方法得出多维贫困的处理效应。表7-8所示为第一步Logit回归结果。回归中的被解释变量为是否领取养老金、是否获得子女的经济支持、是否领取低保，解释变量为年龄、教育水平、婚姻状况、中西部地区、社区环境等。

由表7-8中可知，主要变量回归结果显著。在(1)列是否领取养老金的回

表7-8　第一步Logit回归结果

被解释变量	是否领取养老金 (1)	是否领取低保 (2)	是否获得子女经济支持 (3)
年龄	0.85***	0.29***	0.30***
	(0.08)	(0.07)	(0.11)
年龄平方	−0.01***	−0.00***	−0.00**
	(0.00)	(0.00)	(0.00)
教育水平	0.04	0.02***	−0.18***
	(0.05)	(0.03)	(0.10)
婚姻状况	0.74***	0.52***	−0.33**
	(0.11)	(0.08)	(0.12)
西部地区	−0.97***	−0.73***	0.88***
	(0.14)	(0.09)	(0.15)
中部地区	−1.13***	−0.00***	0.47***
	(0.11)	(0.07)	(0.14)
社区地貌	0.31***	0.22***	0.27***
	(0.06)	(0.04)	(0.06)
社区环境	−0.22**	−0.13**	0.05**
	0.09	(0.06)	(0.11)
常数项	−30.03***	−12.27***	−13.79***
	(3.07)	(2.43)	(4.09)
Wald chi2(13)	259.50	165.32	148.99
Prob>chi2	0.00	0.00	0.00
样本量	6 090	6 090	6 090

注：*** $p<0.01$，** $p<0.05$，* $p<0.1$。

归中，年龄与是否领取养老金呈倒 U 形，随年龄的增加，领取养老金的农村老年人先增加后减少，存在明显的转折点，当年龄超过这一转折点，农村老年人领取养老金的概率下降，解垩(2015)认为这是由老年人的寿命决定的。由于农村老年人的教育水平普遍偏低，回归中教育变量对老年人是否领取养老金的影响不显著。居住在西部、中部地区的老年人保险金领取的概率降低。良好的村居环境对农村老年人多维贫困有负向影响。

在(2)列的回归结果中，年龄越大，农村老年人领取低保的可能性越高，在婚的老年人领取低保的可能性越小，中部和西部地区的农村老年人领取低保的可能性越大。当农村老年人居住地为山地地形时，领取低保的可能性也在变大。

(3)列为是否获得子女经济支持回归。年龄与老年人是否获得子女支持存在倒 U 形关系，但由于年龄的平方系数接近为 0，可以认为年龄与子女经济支持正相关。受教育水平与是否获得子女经济支持负相关，当老年人受教育水平越高时，获得子女经济支持的可能越大。因为教育是一种存在代际传递的人力资本，学历高的老人，其子女获得高学历的可能性越高，收入水平也会越高，对老人的经济支持也就越多。在婚的老年人获得子女经济支持较少，主要是在婚的老年人收入稳定、生活水平高，会主动减少来自子女的转移支付。生活在中部和西部地区、居住在山地的农村老人获得子女经济支持的概率较大。

通过不同匹配方法得出政府转移支付和私人转移支付对老年人多维贫困的影响。政府转移支付包括养老金和低保，私人转移支付是子女经济支持。表 7-9 所示为不同转移支付与老年人多维贫困，主要指标有平均处理效应(ATT)和 t 值。无论是近邻匹配还是核匹配，领取养老金对农村老年人多维贫困的减贫影响非常显著，在近邻匹配中使得农村老年人多维贫困下降 7%，并在 1%水平上显著。在核匹配中低保和子女经济支持对老年人多维贫困影响显著。

表 7-9　不同转移支付与老年人多维贫困

匹配方法	养老金			低保			子女经济支持		
	ATT	SE	t	ATT	SE	t	ATT	SE	t
近邻匹配	−0.07	0.03	2.20***	0.03	0.03	1.09	−0.00	0.04	0.12
核匹配	−0.08	0.03	2.66***	0.04	0.03	1.47*	−0.04	0.04	1.37*

注：*** $p<0.01$，** $p<0.05$，* $p<0.1$。

7.4.3　不同年份的稳健性检验

为了验证不同养老模式对老年人多维贫困的影响。本书继续使用 CHIP

2013 数据进行稳健性检验。表 7-10 所示为主要变量的回归结果，且系数非常显著。(1)列为是否领取养老金对老年人多维贫困的影响，(2)列为是否获得子女经济支持对老年人多维贫困的影响，(3)列为是否与子女居住对老年人多维贫困的影响。

养老金与老年人多维贫困负相关，但对老年人减贫的影响非常小，领取养老金的老年人，陷入多维贫困的可能仅仅减少 6%。子女经济支持与老年人多维贫困正相关，获得子女经济支持的老人，其多维贫困的可能反而会增加 12%，这与 2018 年的结果存在差异。主要原因分析如下：通过笔者对独居老人的测算发现，2013 年获得子女经济支持的老人基本为独居老人，虽然这部分老人会因为获得家庭转移支付，使收入贫困的可能性较小，但独居老人在其他维度的缺失导致多维贫困发生率很高，也就是说，即使是获得子女经济支持，但属于多维贫困的可能性也很大。测算结果提供了有一个非常重要的证据，在没有获得任何补助的情况下，2013 年农村独居老人的多维贫困发生率明显高于 2018 年，2018 年农村独居老人的多维贫困发生率明显下降。

表 7-10　使用 2013 年数据的回归结果

解释变量	农村老年人多维贫困					
	(1)		(2)		(3)	
养老金	-0.05^{**}	0.94				
	(0.02)					
子女经济支持			0.32^{***}	1.12		
			(0.08)			
是否与子女同住					-0.67^{***}	0.51
					(0.08)	
控制变量	是		是		是	
Wald chi2(13)	651.41		666.16		715.30	
Prob>chi2	0.00		0.00		0.00	
样本量	5 389		5 389		5 389	

注：$^{***}p<0.01$，$^{**}p<0.05$，$^{*}p<0.1$。

由表 7-10 可知，与子女居住与老年人多维贫困负相关，也就是说，2013 年与子女同住会减少老年人的多维贫困。2013 年与子女居住对老年人多维贫困的影响大于领取养老金的老人，主要原因是 2013 年农村老年人领取的养老金标准偏低，对老年人是否陷入多维贫困的影响较小，与子女居住的老人，不仅可以获得生活上的照料，还可以减少精神上的孤独感。2018 年领取养老金的农村老人对多维贫困减贫的影响变大，主要原因是随着养老金覆盖率和领取标准的提高，农村老年人的贫困状况得到改善，不仅表现在收入水平的提高，而且还表现在生活水平的提高，进而多维贫困发生率下降明显。我国农村老年人属于贫困脆弱性群体，仍然面临收入不稳定，城乡收入差距、基础设施差距和基本公共服务差距大等问题，这也是进入巩固脱贫攻坚成果阶段扶贫工作的重要方向。

7.5 新农保减贫效应模拟分析

7.5.1 描述性分析

笔者对样本农户可支配收入的各构成部分进行描述性统计分析，比较 2018 年农村居民可支配收入各项构成的差异。农村居民可支配收入的构成来自政府的转移性收入（以下简称政府补贴收入）和补贴之前的原始收入。政府补贴收入类型主要包括：养老金收入、新农保收入、低保收入、医疗报销收入、惠农补贴及其他政府补贴收入。表 7-11 所示为农村居民社会保障支出的描述性分析。

表 7-11 农村居民社会保障支出的描述性分析

人均收入	2013 年		2018 年	
	绝对数/元	占比/%	绝对数/元	占比/%
一、原始收入	9 302	92.56	14 450	89.29
二、政府补贴收入	748	7.44	1 735	10.71
（一）养老金收入	440	4.38	963	6.00
新农保收入	112	1.11	228	1.41
（二）低保收入	31	0.31	63	0.39
（三）医疗报销收入	85	0.85	268	1.66
（四）惠农补贴	111	1.10	189	1.17
（五）其他政府补贴收入	80	0.80	251	1.55
三、可支配收入	10 050	100.00	16 184	100.00
观测值个数/个	35 116		32 843	

注：原始收入是指工资性、经营性、财产性收入等市场收入加上来自家庭的转移支付；养老金收入是指离退休金、城镇居民社会养老保险、新农保和其他养老金；新农保是领取的新型农村养老保险收入，它是农村养老金收入的一个最重要的分项，农村仍然存在一定比例的领取城镇职工养老金或离退休金的居民。

数据来源：根据 CHIP 2018 测算得出。

结果显示，2013—2018 年我国农村居民人均可支配收入和政府补贴收入均有明显的提升，政府补贴收入占可支配收入比重逐渐提高。2013 年农村居民人均可支配收入仅为 10 050 元，2018 年达到 16 184 元，人均政府补贴收入从 748 元提高到 2018 年的 1 735 元，占可支配收入的比重从 7.44%上升到 10.71%。分政府补贴收入类型来看，2018 年养老金收入占居民可支配收入的比重最大，为 6.00%，其次是医疗报销收入和低保收入。2013 年养老金、惠农补贴和医疗报销收入比重较高，分别为 4.38%、1.10%和 0.85%。2013 年农村居民新农保养老金占比为 1.11%，2018 年占比为 1.41%，新农保占比的增加体现了政府对农村老年人的补助不断提高。当前中国农村老年人多维贫困问题突出，提高新农保养老金收入对农村老年人口的减贫效果不可忽视。总体来说，增加对农村居民惠农补贴，提高农村低保收入和新农保养老金标准对于农村贫困人口具有非常重要的意义。

7.5.2 新农保扩大倍数的减贫效应模拟

模拟的最大优势是可以得到最有效率的支出方案。由表 7-11 可知，新农保是农村老年人重要的政府转移支付来源，但新农保的标准与城镇职工养老金或离退休金相比偏低(岳希明，种聪，2020)，本部分模拟了提高农村新农保标准后对老年人收入贫困和多维贫困的减贫效应，扩大倍数分别为 1.5、2、2.5、3。表 7-12所示为新农保扩大不同倍数后老年人整体和分年龄组的减贫效应测算结果。

表 7-12 新农保扩大倍数的收入和多维贫困减贫模拟 %

贫困类型	年龄	可支配收入	新农保 1.5	新农保 2.0	新农保 2.5	新农保 3.0
收入贫困	60～69 岁	3.10	2.34	2.08	1.80	1.45
	70～79 岁	3.70	2.98	2.52	2.32	1.94
	80 岁及以上	5.74	4.35	4.17	3.99	2.90
	合计	3.43	3.17	3.01	2.93	2.75
多维贫困	60～69 岁	2.87	2.58	2.55	2.51	2.46
	70～79 岁	4.56	4.56	4.56	4.37	4.24
	80 岁及以上	5.53	4.87	4.20	4.20	4.20
	合计	3.49	3.24	3.18	3.10	3.03

数据来源：根据 CHIP 2013、CHIP 2018 数据得出。

如表 7-12 所示，新农保提高补贴标准后对两种贫困都有减少作用。从新农保对老年人收入贫困的作用来看，当扩大 1.5 倍时，贫困发生率下降 0.26 个百分点；当扩大到 3 倍时，贫困发生率从 3.43%下降到 2.75%，下降 0.68 个百分点。新农保对老年人多维贫困的作用来看，当扩大 1.5 倍时，下降 0.25 个百分点，与收入贫困的下降幅度基本相似；当扩大到 3 倍时，贫困发生率从 3.49%下降到 3.03%，下降幅度小于收入贫困。可以说，新农保收入水平的提高会改善老年人的贫困状态。从年龄分组来看，随着新农保收入的增加，年龄越大的农村老人收入贫困下降越多，80 岁及以上老人在新农保扩大 3 倍后贫困发生率下降 2.84%。但新农保的增加对各年龄的农村老人影响不同，尤其表现在 70～79 岁组和 80 岁及以上组，70～79 岁组新农保扩大 2.5 倍之前，老年人多维贫困没有变动，扩大 2 倍之后降低明显；80 岁及以上组在扩大 2 倍之前贫困发生率快速下降，扩大 2 倍后贫困发生率没有明显变化。

7.5.3　扩大新农保支出需要增加的财政规模

笔者使用 CHIP 2018 数据进行减贫模拟测算，除了可以提供增加扶贫收入对贫困发生率的改善程度外，更重要的是，可以基于住户数据的结果推广到全国，结合全国的人口结构和分布测算实现贫困缓解所需要的财政扶贫资金规模。本部分主要针对新农保养老金补贴的财政负担进行测算。对新农保养老金财政负担的测算需要明确两个问题：其一是领取标准，其二是符合养老金领取条件的老年人口规模。关于领取标准的问题，本书假定住户调查数据中农村居民新农保养老金收入的实际领取水平等同于社保部门的发放标准，这种假定只有在住户调查数据完全精准的情况才能实现。老年人口规模数据来自 2015 年全国 1%人口抽样调查。本书测算所使用的农村老年人口总数为 1.1 亿人，2015 年全国 60 岁及以上人口规模约为 2.2 亿人，表明农村老年人和城镇老年人的规模基本相当。表 7-13 所示为养老金扩大不同倍数的财政负担，包含各省份的养老金支出规模和全国合计数。如果按照 2020 年养老金的待遇水平，那么 1.1 亿农村老年人的新农保养老金支出总额约为 1 447 亿元，扩大 3 倍后是 4 341 亿元。比较各省份结果发现，山东、四川和江苏需要增加的新农保支出排在前三位。

另外，即使是将当年度城镇居民养老保险考虑在内，农村老年人养老金的人均待遇约为 1 521 元，而城镇职工养老金的人均待遇为 34 512 元，城镇收入是农村的 23 倍[①]。本书使用 CHIP 2018 测算得出，2018 年人均养老金收入为 1 294 元，如果将农村新农保养老金的待遇水平提高 3 倍，新农保人均待遇只有

① 该结果是本书根据 2018 年《中国统计年鉴》中的数据测算得出。

3 882 元,由此产生的养老金财政负担约为 4 341 亿元,仅占当年度城镇职工养

表 7-13 养老金扩大不同规模的财政负担 亿元

地区	现行标准	扩大 1.5 倍	扩大 2 倍	扩大 2.5 倍	扩大 3 倍
北京	7	11	15	18	22
山西	33	50	67	83	100
内蒙古	43	64	86	107	129
辽宁	33	49	66	82	99
江苏	114	171	229	286	343
安徽	55	83	110	138	166
山东	144	215	287	359	431
河南	90	135	180	225	271
湖北	71	107	143	178	214
湖南	80	120	161	201	241
广东	93	140	187	233	280
重庆	35	52	69	86	104
四川	116	174	233	290	348
云南	36	55	73	91	109
甘肃	23	35	46	58	69
其他地区	472	709	945	1 181	1 417
合计数	1 447	2 171	2 894	3 618	4 341

数据来源:根据 CHIP 2018 测算的结果得出。

老保险支出(38 052 亿元)规模的 11.4%。可以说,提高农村老年人养老金的待遇水平尤其是新农保的待遇,对于解决养老金的城乡和地区差异,降低农村老年人口的贫困发生率至关重要。

7.6 本章小结

本章主要从现状分析和实证检验两个方面分析了不同养老模式对农村老年人多维贫困的影响。在不同养老模式下的贫困状况分析中,主要得到以下结论:一是与 2013 年相比,2018 年农村老年人的收入贫困和多维贫困均有了很大的缓解,政府转移支付(领取养老金)的减贫效应要高于家庭转移支付(子女经济支持);二是不同养老模式分组发现,没有养老金且独居的老人不仅收入贫困发生率最高,而且还存在严重的多维贫困情况;三是年龄分组发现,高龄独居老

人的贫困发生率最高，该部分群体容易受到外在不利因素的冲击而陷入贫困中，应该加大政策的扶持力度，预防该部分已脱贫的人口返贫。

上述分析已经得出很多有价值的结论，但在不同养老模式的减贫分析中存在数据和变量的选择性偏误等问题，需要进一步实证检验。本书将是否领取养老金作为政府养老的代理变量，将是否获得子女经济支持作为家庭养老的代理变量。研究发现，无论是政府养老还是家庭养老均对农村老年人多维贫困有负向影响，同时政府养老对家庭养老有负向影响，进而对农村老年人的多维贫困产生影响。稳健性分析中，将是否领取养老金替换为是否领取低保和医疗保险，也发现了显著的负向影响，说明社会保障支出有利于老年人减贫。使用倾向得分匹配方法对不同养老模式的减贫效应进行稳健性分析也得到了相似的结论。使用老年人长期多维贫困的面板数据进行稳健性验证也非常显著。实证分析表明政府养老和家庭养老对老年人多维贫困均有影响，政府养老的减贫效应更大。以新农保为例，模拟测算新农保扩大不同倍数后的收入贫困和多维贫困减贫效应，最后测算出新农保养老金扩大 3 倍情况下，需要政府新农保支出增加 4 341 亿元。

我国积极应对老龄化的战略如下：一是继续加大农村老年人的社会保障支出规模，缩小城乡之间和地区之间的保障差异；二是要健全基本养老服务体系，优化提供养老服务的主体结构，在发挥政府养老和家庭养老的主体作用的基础上，积极发展普惠性、互助型养老服务体系，重视社会养老在减少老年人多维贫困中的作用。

第8章　结论与政策建议

8.1　主要结论

本书主要研究问题、目标和内容：构建适合我国老年人的多维贫困指标体系，从暂时贫困和长期贫困两个方面对我国老年人多维贫困的人口规模、贫困程度、城乡差异等现状描述分析，为制定适合我国国情的老年人多维贫困识别和监测方法提供科学合理的标准，为建立和完善我国"边缘易贫致贫人口"的动态监测体系提供具有实践价值的建议；通过老年人多维贫困的城乡对比分析，为寻找老年人多维贫困的城乡差异与不平等提供证据；致贫原因的分析为如何提高老年人内生发展动力、降低其陷入长期多维贫困的风险、巩固脱贫攻坚成果提供建议；探讨政府养老和家庭养老的关系，以及不同转移支付下老年人多维贫困减贫机制，以及新农保支出的减贫模拟，为构建多层次的社会保障体系提供政策建议。基于以上问题的研究和探讨，本书得到的主要结论有：

第一，在对多维贫困的现状进行描述分析中发现，随着政府的精准扶贫政策的实施，我国多维减贫取得的成果非常显著，多维贫困指数和贫困发生率逐渐降低。就各指标贡献度来看，无论在城镇还是在农村，健康指标对多维贫困指数贡献度都是最大的。与其他国家相比，我国多维贫困普遍低于发展中国家，但与发达国家还存在一些差距。按年龄分组比较发现，老年人的多维贫困情况较为严重，这也是研究老年人多维贫困问题的出发点和重要依据。按其他特征分组发现，西部农村地区的老年人多维贫困最为严重。

第二，使用 CHIP 2018 数据对老年人暂时多维贫困测算结果来看，老年人贫困指数和贫困发生率处于较低水平，但农村老年人多维贫困发生率高于城镇。与 2013 年的动态对比发现，我国 2018 年老年人的多维贫困状况得到有效改善，多维贫困指数和人口规模明显下降。从维度上看，随着“两不愁，三保障”等精准扶贫政策的实施，我国老年人在饮用水、住房、厕所、电力等指标上的贫困发生率较低，在收入、养老、医疗等维度的多维贫困发生率也明显降低，但在主观维度上的贫困发生率较高。从城乡分别来看，城镇老年人的多维贫困情况得到缓解，农村老年人的多维贫困情况并不乐观。致贫原因分析中，使用 Logit 模型回归结果发现，受教育程度、婚姻状况、居住地区、社区环境等因素与老年人多维贫困负相关，年龄、山地地形、距离县城距离等因素与老年人多维贫困正相关。

第三，从使用 CFPS 2010—2018 数据对老年人长期多维贫困测算结果来看，我国老年人长期多维贫困指数和发生率随着贫困时间临界值的增加而降低，仍然存在部分极端长期多维贫困的老年人。城乡对比发现，农村老年人长期多维贫困比城镇更严重。分维度来看，健康状况和幸福感的贫困发生率较高，而且对长期多维贫困指数贡献度也较高。在致贫原因分析中，使用了多层 Logit 模型回归，发现无论是个人或家庭特征变量还是加入社区层次变量的回归系数都显著。其中社区层次变量非农户口占比（城镇化水平）的提高有利于降低老年人陷入长期贫困的风险。

第四，使用描述性分析法，分析了政府养老（以养老金为主）和家庭养老（与子女同住或子女经济支持）不仅可以降低收入贫困，还对减少多维贫困有正向影响。探讨独居老人的贫困情况发现，独居老人获得养老金的减贫效应比获得子女经济支持的减贫效应高；实证分析也验证了社会保障支出的多维减贫效应，机制分析中，家庭、政府等不同养老模式对农村老年人减贫均有负向影响，且系数非常显著。政府养老和家庭养老存在部分中介效应，政府养老支出的增加会减少子女对老年人的经济帮扶，但这种效应较小。将社会保障支出中新农保养老金的标准提高不同倍数后，我国的收入和多维贫困发生率明显下降，扩大 3 倍需要国家增加的新农保养老金支出仅为 4 300 多亿元。

8.2　政策建议

解决绝对收入贫困问题不是终点，而是新阶段的起点。2020 年之后，我国将着力解决相对贫困和多维贫困问题，提高低收者收入、缩小城乡差距，逐步实现共同富裕，实现巩固脱贫攻坚成果与乡村振兴衔接等。随着我国人口老龄化的加剧，老年抚养比的提高，以及高龄、独居、孤寡老人的增多，政府老年人扶贫工作将面临更为复杂的局面。因此，老年人多维贫困问题值得进一步关注。

第一，应该更加关注老年人等特殊群体多维贫困的识别和监测，建立统一的指标体系。老年人多维贫困指标体系可以为实现“易贫返贫”人口的贫困动态监测提供理论和实践支持。并且，多维贫困指标体系也可以用到乡村振兴的成果评估中，用来评价农村居民的生活水平和福利水平。同时，也急切需要建立老年人多维贫困监测机制，实现追踪老年人的动态和长期多维贫困状况。

第二，要加大公共基础设施建设，尤其为老年人提供有效、优良的基本公共服务。与其他群体相比，老年人在生活条件上存在明显差距，政府应该从居住环境、洁净厕所、饮用水、炊用燃料等多个维度对老年人进行帮扶，为其提供更加舒适便捷的基础设施，提高老年人的生活满意度，有利于满足老年人的基本生活需求，提高老年人的福利水平，减少老年人陷入多维贫困的风险。

第三，借鉴社会保障支出在收入贫困减贫中的经验，应该继续统筹开发式扶贫和保障性扶贫体系，巩固脱贫攻坚成果（岳希明、种聪，2021）。岳希明、种聪（2020）提出要继续坚持开发式扶贫和保障性扶贫统筹的方式进行减贫，对有劳动能力的老年人适当实施开发式扶贫政策，对仍然希望就业的老人提供就业支持，以提高其收入水平和生活稳定性，降低因意外冲击而陷入长期贫困的可能；对无劳动能力的老年人或残疾人，应该发挥社会保障的优势，继续实施保障性扶贫政策，通过养老金、低保、专项救助等保障体系来保证基本生活需求。继续加大农村老年人的社会保障支出规模，缩小与城镇老年人离退休金的差距，降低不平等程度，提高农村养老金的领取标准，对高龄老人提供特殊补助；提高城乡居民医疗保险的大病报销比例，落实和扩展异地结算业务，降低鳏寡孤独老人的医疗保险缴费标准；存在劳动力缺失或没有子女的老年家庭给予特殊生活补贴，保障其基本的生活需求。

第四，要将提高老年人的基本公共服务水平作为重要内容。面对老年人的特殊需求，要健全农村老年人养老服务体系，优化养老服务结构，在发挥政府养老和家庭养老的主体优势基础上，积极发展普惠性、互助型养老服务体系，重视社会养老在减少老年人多维贫困中的作用，建立多层次多元化的养老服务体系。在老年人多维减贫中，要协调好家庭、政府和社会三个主体的关系，同时，要重视集体养老、互助养老等模式的减贫作用。

8.3 研究展望

第一，随着我国经济发展水平和人民生活水平的提高，以及现行标准下收入贫困逐步消除，对居民收入分配和对生活质量的关注会让相对贫困和多维贫困成为未来贫困监测的重点。从目前来看，我国没有统一的多维贫困标准，本书构建的老年人多维贫困指标体系仍会产生大量讨论，未来将其实际应用到“易贫致贫”人口的动态监测还存在难度。另外，老年人长期多维贫困的研究需要长期的高质量的面板追踪数据，我国相关的微观数据还较为欠缺。

第二，多维贫困具有相对贫困的属性，而相对贫困又是不平等的重要表现，本书认为可以从不平等的角度研究相对多维贫困问题。相对贫困一般是指群体中收入的中位数或均值，而相对多维贫困就是个体在多个维度的相对贫困情况，将相对贫困的维度扩展到满足人们基本的生活需求，而不是单一的收入相对贫困，这将会进一步丰富多维贫困的相关理论。

第三，政府养老、家庭养老对提高老年人生活水平，减少多维贫困作用明显，但不能仅依靠这两种养老模式。随着老龄化的加剧，新型的养老模式不断涌现，如集体养老、互助养老等，这些模式对提高老年人生活水平、减少多维贫困的影响也需要关注。下一步应致力于构建多元化的养老服务体系，不仅要满足老年人的基本生活需求，还要增加更多的人文关怀，提高老年人晚年生活的安全感、幸福感和获得感。

参考文献

蔡萌，岳希明，2018. 中国社会保障支出的收入分配效应研究[J]. 经济社会体制比较，1:9.

陈立中，2008. 转型时期我国多维度贫困测算及其分解[J]. 经济评论，5:7.

陈宗胜，沈扬扬，周云波，2013. 中国农村贫困状况的绝对与相对变动：兼论相对贫困线的设定[J]. 管理世界，1:11.

程令国，张晔，刘志彪，2013."新农保"改变了中国农村居民的养老模式吗？[J]. 经济研究，8:13.

邓大松，杨晶，2019. 养老保险，消费差异与农村老年人主观幸福感：基于中国家庭金融调查数据的实证分析[J]. 中国人口科学，4:14.

邓大松，钟悦，杨晶，2020. 精准扶贫对农户多维贫困的影响机制分析：外出务工的中介作用[J]. 经济与管理评论，36，220(5):28-42.

方迎风，张芬，2017. 多维贫困测度的稳定性分析[J]. 统计与决策，24:6.

冯贺霞，王小林，夏庆杰，2015. 收入贫困与多维贫困关系分析[J]. 劳动经济研究，6:21.

冯怡琳，邸建亮，2017. 对中国多维贫困状况的初步测算：基于全球多维贫困指数方法[J]. 调研世界，12:6.

高翔，叶晓梅，2020. 教育水平对中国农村老年多维贫困的影响：社会保险的调节作用[J]. 兰州学刊，7:12.

葛岩，吴海霞，陈利斯，2018. 儿童长期多维贫困、动态性与致贫因素[J]. 财贸经济，39(7):16.

郭建宇，吴国宝，2012. 基于不同指标及权重选择的多维贫困测量：以山西省贫困县为例[J]. 中国农村经济，2:9.

郭熙保，罗知，2005. 论贫困概念的演进[J]. 江西社会科学，11:6.

郭熙保，周强，2016. 长期多维贫困，不平等与致贫因素[J]. 经济研究，6：143-156.

何宗樾，张勋，万广华，2020. 数字金融、数字鸿沟与多维贫困[J]. 统计研究，10：79-89.

侯亚景，周云波，2017. 收入贫困与多维贫困视角下中国农村家庭致贫机理研究[J]. 当代经济科学，39(2)：8.

侯亚景，2017. 中国农村长期多维贫困的测量、分解与影响因素分析[J]. 统计研究，34(11)：12.

蒋翠侠，许启发，李亚琴，2011. 中国家庭多维贫困的统计测度[J]. 统计与决策，22：92-95.

解垩，2015. 公共转移支付与老年人的多维贫困[J]. 中国工业经济，11：15.

解垩，2017. 养老金与老年人口多维贫困和不平等研究：基于非强制养老保险城乡比较的视角[J]. 中国人口科学，5：12.

解垩，2020. 中国多维剥夺与收入贫困[J]. 中国人口科学，6：14.

解垩，宋颜群，2019. 贫困存在社区邻里效应吗：基于多层回归模型的分析[J]. 财贸研究，30(6)：13.

李博，张全红，周强，等，2018. 中国收入贫困和多维贫困的静态与动态比较分析[J]. 数量经济技术经济研究，35(8)：17.

李实古，斯塔夫森，1996. 八十年代末中国贫困规模和程度的估计[J]. 中国社会科学，6：16.

李晓嘉，蒋承，胡涟漪，2019. 民生性财政支出对我国家庭多维贫困的影响研究[J]. 数量经济技术经济研究，36(11)：18.

李晓嘉，蒋承，胡涟漪，2020. 财政医疗卫生支出对中国健康多维贫困的影响研究[J]. 中国人口科学，4：15.

刘守英，纪竞垚，2020. 重塑乡村老人发展境遇[M]//吴敬琏. 比较. 北京：中信出版社.

卢盛峰，卢洪友，2013. 政府救助能够帮助低收入群体走出贫困吗?：基于1989—2009年CHNS数据的实证研究[J]. 财经研究，39(1)：13.

罗明辑，陈凌珠，庄天慧，2020. 农村空巢老人多维贫困测度及影响因素研究[J]. 中国农业资源与区划，41(1)：11.

尚卫平，姚智谋，2005. 多维贫困测度方法研究[J]. 财经研究，31(12)：7.

沈扬扬，李实，2020. 如何确定相对贫困标准?：兼论“城乡统筹”相对贫困的可行方案[J]. 华南师范大学学报：社会科学版，2：12.

沈扬扬，詹鹏，李实，2018. 扶贫政策演进下的中国农村多维贫困[J]. 经济动态态，7:53-66.

宋嘉豪，吴海涛，郑家喜，2020. 城乡老年人多维贫困测度，分解与比较[J]. 统计与决策，19:5.

宋嘉豪，郑家喜，汪为，2019. 养儿能否防老：代际互动对农村老年人的减贫研究：基于多维贫困视角[J]. 人口与发展，25(6):11.

宋扬，刘建宏，2019. 儿童时期多维贫困的长期影响：基于 CHARLS 生命历程数据的实证分析[J]. 中国人民大学学报，33(3):14.

孙金明，张国禄，2018. 精准扶贫背景下中国失能老人多维贫困研究：基于 2014 年中国老年健康影响因素跟踪调查[J]. 调研世界，12:6.

王朝明，姚毅，2010. 中国城乡贫困动态演化的实证研究：1990—2005 年[J]. 数量经济技术经济研究，3:13.

王萍萍，方湖柳，李兴平，2006. 中国贫困标准与国际贫困标准的比较[J]. 中国农村经济，12:62-68.

王小林，Sabina A，2009. 中国多维贫困测量：估计和政策含义[J]. 中国农村经济，12:8.

王婴，唐钧，2020. 现代贫困研究：从绝对到相对再到多维[J]. 河海大学学报：哲学社会科学版，22(6):8.

魏晓博，曹巍，刘小凤，等，2020. 财政分权的多维减贫效应[J]. 经济地理，9:42-47.

温兴祥，郑子媛，2020. 农村流动人口基本公共服务的多维贫困[J]. 华南农业大学学报：社会科学版，19(5):14.

吴茜，姚乐野，2020. 子女代际支持对农村老年多维贫困的影响研究[J]. 农村经济，4:9.

徐丽萍，夏庆杰，贺胜年，2019. 中国老年人多维度精准扶贫测算研究：基于 2010 年和 2016 年中国家庭追踪调查数据[J]. 劳动经济研究，7(5):28.

徐文奇，周云波，平萍，2017. 多维视角下的中国贫困问题研究：基于 MPI 指数的比较静态分析[J]. 经济问题探索，12:11.

杨菊华，2015. 中国流动人口的社会融入研究[J]. 中国社会科学，2:19.

杨龙，汪三贵，2015. 贫困地区农户的多维贫困测量与分解：基于 2010 年中国农村贫困监测的农户数据[J]. 人口学刊，2:11.

于长永，代志明，马瑞丽，2017. 现实与预期：农村家庭养老弱化的实证分析[J]. 中国农村观察，2:14.

袁蓓，傅国华，赵杠，2011. 农村家庭养老保障效果实证研究[J]. 农业经济问题,4:8.

岳希明,种聪,2020. 我国社会保障支出的收入分配和减贫效应研究:基于全面建成小康社会的视角[J]. 中国经济学人:英文版,15(4):32.

岳希明,种聪,2021. 统筹综合保障体系,巩固脱贫攻坚成果[N]. 中国社会科学报,2021-02-03.

张川川,John G,赵耀辉,2014. 新型农村社会养老保险政策效果评估:收入、贫困、消费、主观福利和劳动供给[J]. 经济学(季刊),4:28.

张川川,陈斌开,2014."社会养老"能否替代"家庭养老"?:来自中国新型农村社会养老保险的证据[J]. 经济研究,49(11):14.

张航空,孙磊,2011. 代际经济支持、养老金和挤出效应:以上海市为例[J]. 人口与发展,2:7.

张鹏,徐志刚,2020. 公共转移支付的城乡减贫效应差异分析:基于多维贫困视角[J]. 地方财政研究,1:7.

张全红,李博,周强,2018. 精准扶贫贵在精准识别:收入和多维视角的对比分析[J]. 财经智库,3(5):18.

张全红,李博,周强,2019. 中国农村的贫困特征与动态转换:收入贫困和多维贫困的对比分析[J]. 农业经济问题,12:12.

张全红,周强,2015. 中国多维贫困的动态变化:1991—2011[J]. 财经研究,41(4):31-41.

张昭,杨澄宇,2020. 老龄化与农村老年人口多维贫困:基于 AF 方法的贫困测度与分解[J]. 人口与发展,26(1):14.

张子豪,谭燕芝,2020. 认知能力、信贷与农户多维贫困[J]. 农业技术经济,8:15.

种聪,岳希明,2020. 经济增长为什么没有带来幸福感提高?:对主观幸福感影响因素的综述[J]. 南开经济研究,4:22.

仲超,林闽钢,2020. 中国相对贫困家庭的多维剥夺及其影响因素研究[J]. 南京农业大学学报:社会科学版,20(4):9.

周云波,贺坤,2020. 精准扶贫视角下收入贫困与多维贫困的瞄准性比较[J]. 财经科学,1:14.

周云波,平萍,侯亚景,等,2020. 中国居民多维贫困研究[M]. 北京:经济科学出版社.

朱火云,2017. 城乡居民养老保险减贫效应评估:基于多维贫困的视角[J]. 北京社会科学,9:8.

邹薇,方迎风,2011. 关于中国贫困的动态多维度研究[J]. 中国人口科学,

6:11.

邹薇,方迎风,2012. 怎样测度贫困:从单维到多维[J]. 国外社会科学,2:7.

Alkire S A,2016. Multidimensional Poverty in Europe 2006-2012:Illustrating a Methodology[J]. OPHI Working Paper,74.

Alkire S,Foster J,2011.Counting and Multidimensional Poverty Measurement[J].Journal of Public Economics,95(7):476-487.

Alkire S,Foster J,2011. Understandings and Misunderstandings of Multidimensional Poverty Measurement[J]. The Journal of Economic Inequality,9:289-314.

Alkire S, Roche J M, Vaz A, 2015. Changes Over Time in Multidimensional Poverty:Methodology and Results for 34 Countries[J]. OPHI Working Papers,94:76.

Alkire S, Santos M E, 2010. Acute Multidimensional Poverty: A New Index for Developing Countries[R]//UNDP Human Development Reports Research Paper. Social Science Electronic Publishing.

Alkire S,Santos M E,2014. Measuring Acute Poverty in the Developing World: Robustness and Scope of the Multidimensional Poverty Index[J]. World Development,59(1):251-274.

Alkire S, Seth S, 2013. Selecting a Targeting Method to Identify BPL Households in India[J]. Social Science Electronic Publishing,112(2):417-446.

Ataguba J E O,Ichoku H E,Fonta W M,2013. Multidimensional Poverty Assessment:Applying the Capability Approach[J]. International Journal of Social Economics,40(4):331-354.

Atkinson A B,1987. On the Measurement of Poverty[J]. Econometrica,55(4):749-764.

Atkinson A B, Marlier F M, Reinstadler, 2010. Income Poverty and Income Inequality[J]. Eurostat,127.

Bastos A,Machado C,2009. Child Poverty:A Multidimensional Measurement. International Journal of Social Economics,36:237-251.

Becker G,1974. A Theory of Social Interactions[J]. Journal of Political Economy,82:1095-1117.

Borge L E,Brueckner J K,Rattso J,2014. Partial Fiscal Decentralization and Demand Responsiveness of the Local Public Sector:Theory and Evidence from Norway[J]. Journal of Urban Economics,80:153-163.

Bourguignon F,Chakravarty S R,2003. The Measurement of Multidimensional Poverty[J]. Journal of Economic Inequality,1:25-49.

Cerioli A, Zani S, 2000. A Fuzzy Approach to The Measurement of Poverty[M]// C. Dagum and M. Zenga,eds,Income and Wealth Distribution, Inequality and Poverty,Studies in Contemporary Economics. Springer Verlag: Berlin.

Chakravarty S R,D'Ambrosio C,2006. The Measurement of Social Exclusion[J]. Review of Income and Wealth,52:377-398.

Chamber R,1995. Poverty and Livelihood: Whose Reality Counts? [J]. Economic Review,11(2):357-382.

Coudouel A, Hentschel J, 2000. Poverty: Measurement and Analysis[J]. PRSP Sourcebook,1.

Cox D G, Jackbson G, 1995. The Connection between Public Transgers and Private Interfamily Transfers[J]. Journal of Public Economics, 57(1): 129-167.

Cox D, Jimenez E, 1992. Social Security and Private Ttansfers in Developing Countries: the Case of Peru[J]. World Bank Economic Review,6(1):155-169.

Drèze J,Sen A K,2011. Putting Growth in Its Place[J]. Outlook,2011.

Duclos J Y,Sahn D E,Younger S D,2006. Robust Multidimensional Poverty Comparisons[J]. Economic Journal,116(514):943-968.

Foster J E,2010. A Report on Mexican Multidimensional Poverty Measurement[J]. OPHI Working Papers,95:476-487.

Foster J, Greer J, Thorbecke E, 1984. A Class of Decomposable Poverty Measures[J]. Econometrica,52(3):761-766.

Fuchs V, 1967. Redefining Poverty and Redistributing Income[J]. The Public Interest,86-94.

Gorman M,Heslop A,2002. Poverty,Policy,Reciprocity and Older People in the South[J]. Journal of International Development,14:1143-1151.

Haq M,1976. The Poverty Curtain:Choices for the Third World[M]. New York:Golumbia University Press.

Hicks N, Streeten P, 1979. Indicators of Development: The Search for a Basic Needs Yardstick[J]. World Development,7:567-580.

Jacques S,2011. A Comment on the MPI Index[J]. Journal of Economic

Inequality,479-481.

Jolly R,1976. The World Employment Conference:The Enthronement of Basic Need'[J]. Overseas Development Institute Review,2.

Lelli S,2001. Factor Analysis and Fuzzy Set Theory:Assessing the Influence of Different Techniques on Sen's Functioning Approach. [J]. PUBLIC ECONOMICS WORKING PAPER SERIES,2001.

Lemmi A,Betti G,2006. Fuzzy Set Approach to Multidimensional Poverty Measurement,Economic Studies in Inequality,Social Exclusion and Well-being [J]. New York:Springer.

Maasoumi E,Lugo M A,2008. The Information Basis of Multivariate Poverty Assessments, Quantitative Approaches to Multidimensional Poverty Measurement[J]. New York:UNDP,Palgrave Macmillan.

Paugam S,1996. Elements of a Comparative Research Perspective on Poverty in European Societies[J]. Paper presented at European Science Foundation Conference on Social Exclusion and Social Integration in Europe,Blarney.

Ravillion M, 1994. Poverty Comparisons[M]. Harwood Academic Publishers.

Rene L, 1974. Les Exclus: Un Franceis Sur Dix[M]. Pari: Editions du Seui.

Rowntree B S, 1901. Poverty: A Study of Town Life[M]. London: Macmillan.

Sen A K, 1976. Poverty: An Ordinal Approach to Measurement [J] . Econometrica,44:219-231.

Sen A K,1981. Poverty and Famines:An Eassay on Entitlement and Deprivation[M]. New York:Oxford University Press.

Sen A K,1982. Choice,Welfare and Measurement[M]. Blackwell,Oxford, and MIT Press,Cambridge.

Sen A K, 1985. Wellbeing, Agency and Freedom: The Dewey Lectures 1984[J]. The Journal of Philosophy,82(4):169-221.

Sen A K, 1999. Developments as Freedom[M]. New York: Oxford University Press.

Sen A K,2009. The Idea of Justice[M]. London:Allen Lane.

Sen A,1981. Poverty and Famines:An Essay on Entitlement and Deprivation[M]. Oxford:Oxford University Press.

Sen A K,1992. Inequality Re-examined[M]. Oxford:Clarendon Press.

Stiglitz S, Fitoussi, 2009. Commission on the Measurement of Economic Performance and Social Progress[J]. Commission.

Strobel P,1996. From Poverty to Exclusion:A Wage-earning Society or a Society of Human Rights? [J]. International Social Science Journal,48:148.

Townsend P,1979. Poverty in the United Kingdom[M]. Harmondsworth: Penguin.

Tsui K, 2002. Multidimensional Poverty Indices[J]. Social Choice and Welfare,19:69-93.

UNDP, 2000. Human Development Report 2000[R]. New York: United Nations Yu J, 2013. Multidimensional Poverty in China: Findings Based on CHNS[J]. Social Indicators Research,112:315-336.